순례길 떠나는 이들에게
- 성지에서 전하는 이야기

순례길 떠나는 이들에게

2025년 9월 4일 교회인가
2025년 9월 20일 초판 1쇄 발행

지은이 | 강석진
편집 | 조용종 · 이만옥
디자인 | 강승희 · 장현숙
펴낸이 | 이문수
펴낸곳 | 바오출판사

등록 | 2004년 1월 9일 제313-2004-000004호
주소 | 고양시 일산동구 일산로205 204-402
전화 | 031)819-3283 / 문서전송 02)6455-3283
전자우편 | baobooks@naver.com

ⓒ 2025 한국가톨릭문화연구원 · 강석진

ISBN 979-11-94735-23-6 03230

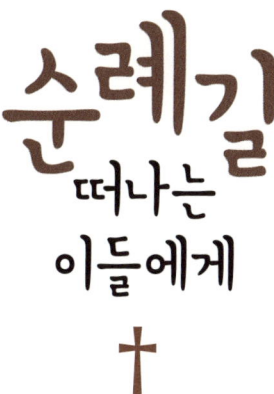

순례길
떠나는 이들에게
✝
성지에서 전하는 이야기

강석진 지음

한국가톨릭문화연구원 ⑩

간행사

 사회 변화는 보통 내부에서 시작됩니다. 내부에서 축적된 변화의 욕구들로 더 이상 견디기 힘들 때 외부로 표출됩니다. 그리고 외부로 나타난 변화는 저항을 통해 순화되고 조정되어 사회의 제도로 자리 잡는 것이 일반적입니다. 그러나 꼭 그렇게 진행되는 것만은 아닙니다. 가끔은 변화를 희망하지만 그 욕구가 무르익기도 전에 피해갈 수 없는 외적 환경이 사회의 변화를 이끌어내기도 합니다. 전 세계를 휩쓸아쳤던 코로나 팬데믹이 바로 그러한 사례입니다.
 우리는 이제 팬데믹 시대를 벗어나고 있습니다. 그동안 수많은 학자들이 예견했던 이른바 '뉴노멀'이라는 새로운 기준이 점차 자리를 잡아가고 있는 시점입니다. 문화는 항상 변화하고 있으며, 그 중심에는 현실에서 삶을 살아가는 우리가 있고 사회의 흐름이 있습니다. 그러므로 '뉴노멀'이라는 새로운 문화의 기준이 완전히 자리를 잡을 때까지는 많은 혼돈과 어려움이 있을 것으로 예상됩니다.

1985년 8월 김수환 추기경님의 후원으로 설립한 '한국가톨릭문화연구원'에서는 팬데믹으로 나타나는 변화의 방향을 가늠해보고자 2020년 평화방송과 공동으로 〈팬데믹과 한국 가톨릭교회〉라는 주제로 심포지엄을 개최한 바 있습니다. 변화된 시대는 변화된 선교방식과 사목 패러다임을 요구합니다. 그리고 이를 위해서는 우리 삶의 모든 분야 곧, 삶의 실제적 상황에서 일어나는 시대적 징표를 제대로 읽어내야 합니다. 특히 교회의 입장에서는 시대적 징표를 살펴보고, 종합하여 하느님의 뜻을 찾아내는 일을 선도적으로 하여야 합니다. 그래야 바로 오늘에 적합한 신앙 실천의 방법론을 모색할 수 있고, 신자들은 그 실천으로 '지금 여기'에서 신앙인으로 성장할 수 있기 때문입니다. 이것이 바로 오늘날 절실한 '새로운 복음화'와 '새로운 사목'의 실천이며, 다르게 표현하면 '문화의 복음화'와

'문화사목'의 실천인 것입니다.

　이러한 취지에서 앞으로 한국가톨릭문화연구원은 우리 사회에서 일어나는 다양한 사회 이슈와 문화 현상을 교회적 시각으로 해석하고 분석하여 신앙생활에 도움이 되고자 합니다. 물론 시중에는 신앙생활에 도움이 되는 교회서적이 적지 않습니다. 그러나 대부분 영성 관계 서적의 비중이 높은 반면 급변하는 일상 문화 안에서 생활하는 신앙인들에게 각각의 문화사회적 현상에 대한 신학적·윤리적 반성과 의미를 제공하는 서적은 그다지 많지 않습니다. 따라서 한국가톨릭문화연구원은 사제와 평신도, 수도자를 가리지 않고 우리 교회와 신앙인들에게 반드시 필요한 다양한 의견과 주장, 반성을 담은 소책자 시리즈를 꾸준히 간행할 예정입니다.

　누구나 어려움에 처했을 때는 자신의 정체성에 대해 생각하기 마련입니다. 곧 가톨릭 신자, 혹은 이 시대를 살아가는 사람으로서 '나는 누구인가' 하는 점입니다. 또한 사회적 이슈에 대해 교회 정신에 입각한 성찰과

반성이 존재할 때 비로소 신앙 실천이 구체화될 수 있다고 봅니다. 아무쪼록 간행되는 소책자 시리즈가 여러분에게 신앙과 사회를 다시 생각해볼 수 있는 의미 있는 기회를 마련해주었으면 좋겠습니다.

2023년 5월
김민수 이냐시오 신부

머리말

저는 한국순교복자성직수도회 수도자이며 사제입니다. 지금은 전북특별자치도 고창군 공음면의 끄트머리, 시골의 작은 동네에 위치한 개갑장터 순교성지에서 순례자들을 환대하는 소임을 맡고 있습니다. 개갑장터 순교성지는 1801년, 복자 최여겸 마티아께서 마지막까지 신앙을 증거한 후 처형된 순교지이고, 현재 공동체 형제 네 명과 함께 살며 최여겸 복자님의 삶과 신앙을 현양하는 일에 최선을 다하고 있습니다.

전국에서 개갑장터 순교성지까지 찾아오시는 순례자 한 분 한 분을 만날 때마다 이 먼 곳까지 찾아주시는 노력과 정성에 진심으로 감사를 드립니다. 이곳에서 지내는 동안 여러 유형의 순례자들을 다양한 유형을 접하면서 한 가지 분명한 사실을 알게 되었습니다. 조선 말기에 우리의 신앙 선조들이 어떠한 삶을 살았고, 박해 당시 순교자들은 어떠한 신앙을 고백했으며, 혼란스러운 시대 상황 속에서 어떻게 살았는지 조금이라도 알고 오신 분들의 경우에는 순례하는 모습이 무척 달랐다는 것입니다.

그분들은 무척 진지하게 순례를 하는데, 기도하는 순례자의 전형적인 모습을 보여줍니다. 그분들의 순례에서 순교성지는 역사가 살아 숨 쉬는 현장임을 깨닫게 해줄 뿐 아니라 시간의 구체성과 사실성을 증명하는 공간임을 확인시켜 주었습니다. 또한 그분들이 보여주는 순례의 모습은 과거의 순교자를 지금 이곳에서 실제로 만나고 계신 듯하였습니다.

그래서 '우리 순례자들이 성지순례를 준비하거나 순례길을 걷는 동안 조금이라도 도움이 될 수 있는 일은 없을까?' 하는 생각을 했습니다. 그러다 우리 순례자들이 한국 교회사를 쉽고 편안하게 읽고 접할 수 있으면 성지순례를 나서는 분들께 어떻게든 도움이 될 것이라고 판단했습니다.

'교회사'도 '역사'인지라 딱딱한 역사 공부하듯이 사

건이나 연도만 외우는 그런 공부가 아니라 우리 인생의 선배이자 신앙의 어르신인 그분들을 편안하게 만날 수 있는 계기가 되면 좋겠다고 생각했습니다. 비록 현재를 살고 있지만, 마음의 시간을 통해 '과거, 어느 한 사건이 일어난 그 당시의 이야기' 속으로 들어갈 수 있는 글을 접할 수 있다면 좋은 경험이 될 테니까요. 그래서 마치 옆집 아저씨나 아주머니가 쉽고 편하게 들려주는 이야기처럼 신앙 선조들의 삶을 이해하는 데 도움이 되는 과거의 이야기들을 한 편씩 쓰게 되었습니다. 그렇게 쓴 글을 모은 것이 바로 이 책입니다. 제목처럼 '순례길을 떠나는 이들'이 순례 여정을 통해 신앙의 선조들을 만나는 데 조금이나마 도움이 되었으면 좋겠습니다.

이 책은 모두 4부로 구성되어 있습니다. '제1부 시간의 길을 걷다'에서는 교회사의 시간 속에서 순례자들이 잠시나마 머물 수 있도록 당시의 시대적 상황과 그 앞에서 신앙의 선조들이 어떻게 사셨는지를 살펴보는 내용입니다. '제2부 사랑의 길을 걷다'에서는 평등,

나눔, 헌신, 열정, 어른됨, 신앙의 표징에 대한 내용과 함께 어느 교우가 보여준 배교와 밀고를 살펴보았습니다. 아울러 증언의 삶을 묵상하는 내용도 담겨 있습니다. '제3부 부르심의 길을 걷다'에서는 좋은 교우의 삶에 영향을 받은 좋은 사제들이 신자들을 더욱 아끼고 사랑하는 이야기가 주된 내용입니다. 그리고 마지막 '제4부 순교에 대한 짧은 단상'에서는 평소 순교, 순교자, 순교자 신심, 순교 영성 등에 대해 제 나름대로 고민하고 성찰한 이야기를 써보았습니다.

  이 책은 우리 신앙의 선조들의 이야기를 다루는 역사 책이기도 합니다. 그래서 순례자분들이 어떤 관점에서 우리 신앙 선조의 역사를 볼 것인가를 생각해주셨으면 합니다. 왜냐하면 역사는 우리 각자가 어떤 관점으로 역사를 보느냐에 따라서 다양하게 해석하고 이해할 수 있기 때문입니다. 역사는 사료의 집대성입니다. 그러기에 역사는 그 사료가 말하도록 한다면 보다 더 많은 것을 묵상할 수 있습니다. 그러므로 이 책은 머리가 아니라 마음으로 읽으시면 좋겠습니다.

또한 책을 통해 그 어떤 역사적 사실이든 '평범함'과 '단순함'의 관점에서 '사료의 이면'을 차분히 돌아본다면 마치 '숨겨진 보물'을 찾는 것처럼 설레는 마음이 순간순간 일어날 것입니다. 이 책을 읽는 순례자분들도 자신의 관점에서 또 자기 삶의 이야기를 통해 신앙의 선배들 이야기를 접할 수 있으면 좋겠습니다. 그렇게 할 때 제가 이 글을 쓰는 동안 신앙의 선배들에게서 받은 감동 이상으로 책을 접하는 순례자분들 역시 모든 신앙의 선배들이 살아온 삶과 신앙을 통해 힘과 용기를 얻을 수 있을 것입니다.

이 책의 많은 부분은 『생활성서』에 연재한 글입니다. 그리고 글솜씨도 없는 제가 이곳저곳의 청탁을 받아서 어렵게 쓴 글들도 들어 있습니다. 제게 소중한 지면을 내어주신 생활성서사 편집부 여러분과 저에게 원고를 요청해주신 여러 잡지사 편집 담당자분들께 이 자리를 빌려 감사의 인사를 전합니다. 그리고 제 삶은 언제나 한국순교복자성직수도회 형제들의 관심과 사랑 속에 살아가고 있음을 고백하면서, 우리 형제들 모두에게 감사의 인사를 전합니다. 또한 저에게 역사의 눈을 뜨게 해준 큰 어른이신 장동하 신부님과 조광 교수님께도 감사의 인사를 드립니다. 이어서 철없는 저를 늘 곁에서 이끌어주는 동창 신부님께도 감사를 드리며, 이 책이 나오기까지 좋은 기회를 주신 한국가톨릭문화연구원 김민수 원장 신부님, 김영수 교수님, 오지섭 교수님에게도 감사를 드립니다. 책 출간을 위해 애써주신 바오출판사에도 감사의 인사를 전합니다.

또 이 자리에서 감사의 인사를 빠뜨릴 수 없는 분들이 계십니다. 개갑장터 지킴이인 우리 형제들을 따뜻이 돌봐주시는 전주교구 김선태 주교님과 교구 신부님들, 개갑장터 순교성지 전례부와 봉사자들, 힘든 일을 할 때마다 언제나 웃으며 함께 해주시는 광주 식구들, 고창 내에서 가족처럼 지내는 분들, 이곳 성지의 진정한 은인들과 후원자들, 성지를 위해 힘과 용기를 건네주시는 순례자들께도 감사의 인사를 드립니다.

그리고 올해 구순을 맞으신 부모님과 사랑하는 누이들과 조카들, 또 제주도 가족들 모두에게 감사 인사를 드립니다. 아울러 최여겸 마티아 수도원에서 함께 살고 있는 이 신부님, 조 신부님, 칸 신부님께도 마음을 전합니다.

저 멀리 푸르른 제주도 신창 바다의 푸른빛 속살과, 언제나 세상과 사람을 묵묵히 밝히는 마리여 등대의 불빛, 그리고 아련한 수평선 너머에서 언제나 우리와 함께하시는 사랑 자체이신 주님, 이 땅의 모든 순교자들과 이름도 남김없이 죽어간 순교자의 가족들, 신앙 선조들과 신앙 선배들께 이 책을 바치며 마음으로 큰절을 드립니다.

개갑장터 순교성지
최여겸 마티아 수도원에서
강석진 요셉 올림

차례

간행사 / 4
머리말 / 8

제1부 시간의 길을 걷다

'소빙기'를 극복한 교우촌의 삶 / 20
콜레라, 신앙의 길을 인도하다! / 29
조선에서 처음으로 성모성월을 지내다 / 37
박해시기 성물에 대한 교우들의 마음 / 45
박해시기 혼인 예식은 어디에서 어떻게 / 59
1866년 병인박해 이후, 사제가 없던 10년 동안 무슨 일이 있었을까? / 66
명동대성당의 종소리 / 75
영혼의 옷 한 벌 / 86

제2부 사랑의 길을 걷다

밀알 하나 같은 평등의 씨앗 / 98

기근이 빌미가 된 1815년 박해와 교우들의 삶 / 106

죽음과 맞짱 뜬 최 아우구스티노 회장 / 122

23년 동안 신앙의 자유를 기다린
김 마티아 이야기 / 131

공소회장과 '어른의 삶' / 141

세상에서 가장 아름다운 동작, 성호(聖號) / 149

20년 동안 하나의 기도만 바치며 신앙을 지킨
과부 예비신자 / 157

"믿고, 배교하고, 밀고하고, 회심하고, 증언하고"
– 어느 교우의 신앙 여정 / 166

1876년 이후 교우들이 보여준 신앙의 모범 / 186

1876년 이후 천주교의 매력에 푹 빠진 예비 교우들의
모습 / 194

제3부 부르심의 길을 걷다

착한 목자 곁을 지킨 아름다운 양떼! / 202

이 땅의 모든 성직자, 수도자, 신학생 부모님들께 / 211

김대건 신부님과 동료 신자들 / 219

박해시기에도 펼쳐진 한여름밤의 소박한 축제 / 226

예수님 마음을 온전히 닮은 선교사, 칼레 신부님 / 233

벗을 위하여 자기 목숨을 바친 사랑
– 김휘중 요셉 신부 / 241

거기에 있었구나, 교우촌! / 248

제4부 순교에 대한 짧은 단상

124위 복자에게 배우는 순교영성 / 258

기억하고 실천하자 / 268

순교(자) 영성이 필요하기는 할까? / 278

'순교 영성'인가 '순교자 영성'인가? / 284

우리의 기도로 앞당기는 한국 순교자 시복시성 / 297

순교, 일제강점기라는 또 다른 종교 탄압을 이겨낸 원동력 / 308

올바른 성해 공경 – 성지에서 전하는 이야기 / 312

지은이 소개 / 322

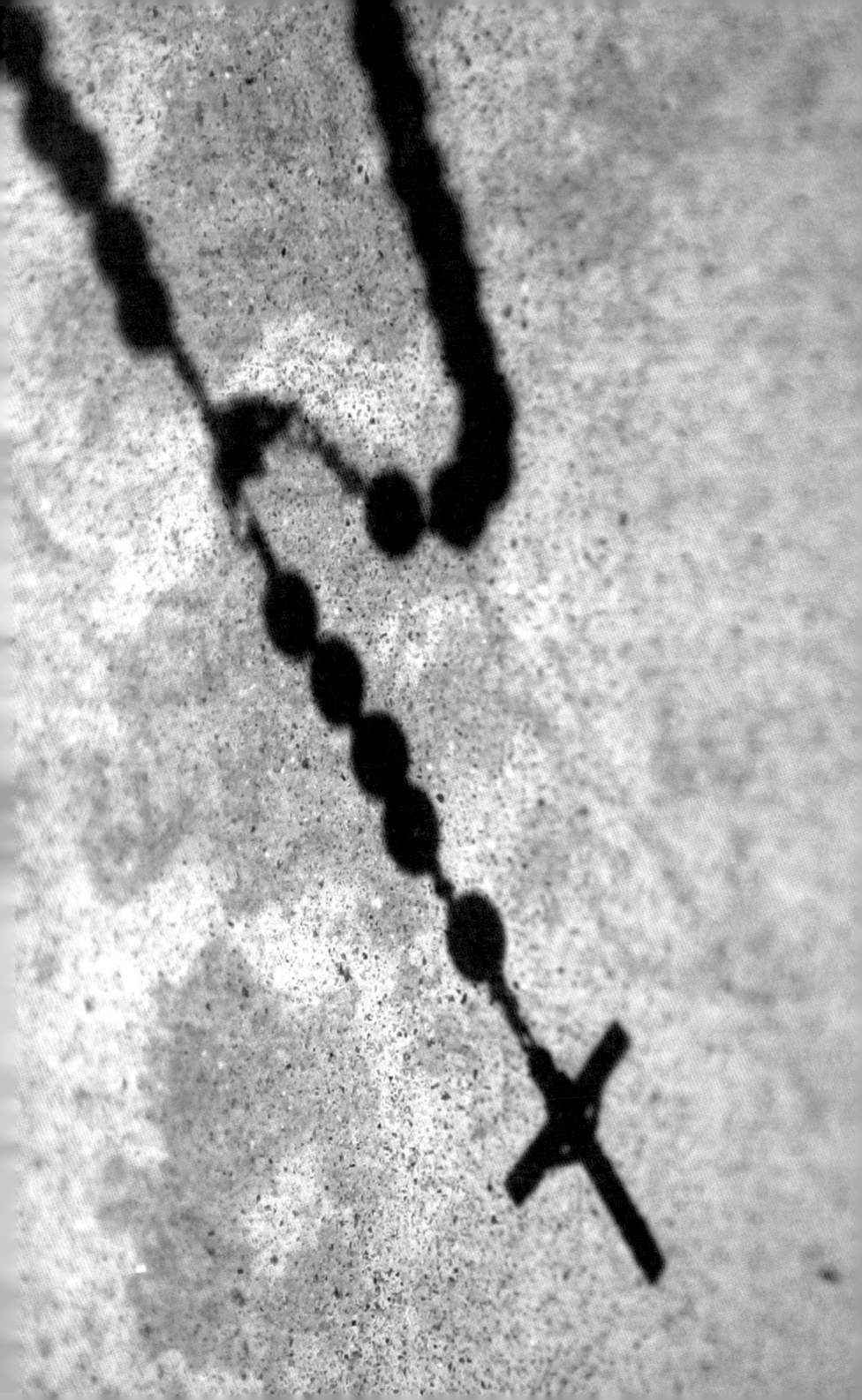

제1부
시간의 길을 걷다

'소빙기'를 극복한 교우촌의 삶

혹시 2021년에 어떤 일이 있었는지 기억하세요? 코로나19가 한참 기승을 부렸지요. 그리고 그해 겨울에는 이상 기온으로 많은 분이 어려움을 겪었습니다. 강풍과 폭설을 동반한 한파로 기온이 영하 20도, 심지어 영하 30도까지 내려가서 여러 지역에서 '최저 기온 기록'을 경신했다는 소식이 쏟아졌습니다.

어떤 지역에서는 체감 온도가 '영하 43도'까지 내려갔다거나, '눈'이 내리지 않던 지역에서 '폭설이 내렸다'는 기사도 등장했습니다. 이처럼 코로나19만으로도 버티기 힘든데, '이상 기온'과 비정상적인 기후 상황이 겹치니 안타까운 마음도 들었습니다.

우리나라도 예외는 아니었습니다. 코로나19의 '3차 대유행' 중에 각종 뉴스에는 '시베리아 한파'가 전국을 뒤덮었고, 최저 기온이 영하 20도, 30도를 오르내렸으며, 빙판길에서 크고 작은 추돌과 충돌 사건이 일어났다는 소식이 보도되었습니다. 이러한 소식을 접하면서 2020년 9월의 기억이 떠올랐습니다.

　당시 주임신부로 있던 본당에서 유난히 심했던 가을장마를 겪었습니다. 본당의 튼튼하던 기둥 옆으로 물이 흘러내려서 방수 공사를 했고, 또 건물 외벽의 페인트가 심하게 벗겨져서 새롭게 도색했던 것이 생각났습니다. 코로나19라는 상황 속에서 예사롭지 않던 이상 기후는 우리를 은근히 불안케 합니다.

이상 기후는 지구 환경만이 아니라 인간의 삶에도 부정적인 영향을 끼친다.

최근에 발생한 이상 기후 현상에 대한 원인 규명이나 상황 파악에 대해서는 활발한 논의가 진행되고 있습니다. 과거를 돌이켜보면, 이상 기온으로 인해 여름이 춥거나 겨울이 따뜻하고, 때 아닌 장마로 자연재해가 유난히 급증했던 적이 있었습니다. 그 시기를 학계에서는 '소빙기[1]'라고 규정했습니다.

소빙기란 평균 기온이 1도에서 1.5도 정도의 낮은 상태로 몇 년 동안 주기적으로 발생하거나 상당 기간 지속되는 시기를 말합니다. 이러한 상태가 계속되면 식물의 경우에는 성장기가 3~4주 정도 지연이 되면서 곡물 경작의 한계 고도가 약 150미터 정도 낮아지는 결과를 초래하여 농업에 엄청난 영향을 끼친다고 합니다.(나종일, 1982)

소빙기에 관한 세계사적인 논의는 예외로 두

---

[1] 학계에서는 소빙기(小氷期, The little ice age)의 다양한 양상으로 인해 통일된 정의를 내리지 못하지만, 17~18세기를 소빙기의 절정으로 보는 것은 동양과 서양이 비슷하다. 또한 소빙기의 원인에 대해서는 여러 학설이 제기되고 있는데, 그중에는 '태양 흑점활동 쇠퇴설', '대기순환론', '화산분출설' 등이 있다.(김재호, 2010)

고, 우리나라의 경우 최근의 연구를 간략하게 살펴보면, 시기적으로 '1511~1560년', '1641~1740년', '1781~1850년' 등을 소빙기로 구분 짓고 있습니다. 이 시기의 기후적 특징으로는 때아닌 서리, 우박, 천둥, 벼락, 돌풍으로 인한 폭염과 한랭 기후로 인해 홍수, 가뭄, 기근 같은 심각한 자연재해가 매우 자주 오랫동안 발생했습니다.(김재호, 2010) 당시 자연재해의 결과는 기근으로 이어졌고, 그와 함께 전국적으로 전염병이 발생하였습니다.

구체적인 사례를 살펴보면, 『현종실록』에서 현종 11~12년(1670~1671)에 경신대기근(庚辛大飢饉)이라 이르는 몹시 심한 기근에 전염병까지 발생하여, 전체 인구의 10퍼센트가 감소하였습니다.(김성우, 1997) 그 시기의 전체 인구가 1천만 명 정도라고 추정하면 당시 전 인구의 10퍼센트인 1백만 명 정도가 목숨을 잃었던 것입니다. 『숙종실록』을 보면, '1699년 1월 1일 기사'에 숙종은 '비망기'(備忘記)를 내리면서 이렇게 말했습니다.

아! 국운의 불행이 어쩌면 이 지경에 이르렀단 말인가? 4년 동안의 큰 흉년에 구사일생으로 살아난 나머지 또 전에 없던 모진 여역(癘疫)2)에 걸렸는데, 봄부터 겨울까지 갈수록 더욱 치열해져 마치 물이 젖어들 듯 불이 타오르듯 하였다.

그리고 결과적으로 그해 12월 30일 기사에는 어김없이 기근과 전염병이 발생하여 사망한 숫자가 '25만 7백여 명'이라고 나옵니다. 이러한 사실을 통해 17세기는 '이상 기온'으로 너무 많은 사망자가 나왔기에, 이 시기를 "기근의 세기" 혹은 "위기의 세기"라고 부르기도 합니다.(김현영, 2003)

'이상 기온'으로 인한 자연재해로 흉년과 기근이 발생하자, 가족들이 5~6명 혹은 10여 명씩 무리를 지어서 전국을 떠돌아다니는 수많은 '유민'(流民)이 생겨났습니다. 이들은 먹고살기 위해 여러 곳을 돌아다니며 구걸 행위로 굶주린 배를 채우려고 했지만, 대부분

---

2) 민간 전염병을 통틀어 이르는 말.

모진 굶주림으로 인해 길거리에서 죽음을 맞았습니다. 제대로 먹지도 못하고 입지도 못한 상태에서 장기적으로 유랑의 비참한 생활에 내몰리자 가족 중에 입을 하나라도 줄이고자 어린 자식을 버리거나, 늙은 부모를 길에다 내버린 경우도 생겨났습니다.

심지어 두 자녀와 아내를 데리고 유랑하게 된 가장이 추위와 굶주림에 시달리다 처자식을 차례대로 목매달아 죽인 뒤 자신 또한 목숨을 끊은 일도 있었습니다. 또한 기근에 지친 부모가 여섯 살 남짓한 어린 자식을 버리려고 했지만, 아이가 부모 곁을 떠나지 않자 부모는 아이를 나무에 붙들어 매어놓고 떠나버린 경우도 있었습니다.(이욱, 2001)

그렇다면 이러한 시기에 신앙의 선조들은 어떻게 살았을까요? 소빙기로 분류되던 시기 중 '1781년부터 1850년대'는 조선에서 천주교 신앙공동체가 형성되었고, 신앙이 전파되는 동안 심한 박해를 받던 때입니다. 그리고 박해를 피하고 신앙 실천을 위해 신자들은 모든 것을 버리고 산속으로 들어가 살았고, 그곳에서 만난 동료 교우들과 교우촌을 이루었습니다.

또한 신자들은 공동생활을 통해 가진 것을 나누었고, '생산수단'과 '생산물'을 공유하는 '공동생산', '공동분배'의 생활 방식을 유지했습니다. 이들은 외적으로 공동생활을 하면서, 그와 동시에 천주교 신앙에 따라 '평등'과 '형제애'를 강조하는 내면화된 신앙공동체를 이루었던 것입니다.

하우현 교우촌에서 가래질로 길을 내고 있는 농부들
(1911, 독일 상트 오틸리엔수도원 소장 아카이브)

이처럼 박해시대 교우촌의 생활에 대해서는 순교자의 신문(訊問)기록을 통해서 보다 더 자세하게 알 수 있습니다. 복자 이경언(바오로, 1792~1827)의 경우, 체포되어 신문받을 때 관장은 "재산을 공동으로 소유하고, 공동으로 사용하는 것은 타락하고 부도덕적인 교리"라고 추궁했습니다. 이 말을 듣자 복자 이경언은 이렇게 반문합니다.

우리가 재물을 상호 통하고 있다는 데[通貨]에 대해서 말씀드리자면, 이 세상에서 만일 재물을 어느 정도 소통시키지 않는다면 가난한 이들은 어떻게 삽니까?

박해를 피해 형성된 교우촌은 천주교 신앙의 보루가 되었으며, 여기에서 이루어진 나눔의 삶은 당시 조선 사회의 질곡과 가난한 삶의 난관을 돌파해가는 신자들만의 효율적 삶의 방법이었습니다.

과거 소빙기로 인해 겪은 이상 기온의 문제와 오늘날 지구 온난화로 인해 겪는 이상 기후의 문제는 원인 규명의 차원에서는 별개의 문제로 다룰 수 있을 것입니다. 그러나 지구에 대한 관심과 하느님께서 창조하신 세상에 대한 관심, 그리고 궁극적으로 사람을 사람답게 살아가게 하는 문제에서만큼은 같은 지향을 두고 있습니다.

오늘날, 우리가 살아가는 이 세상은 여러 문제로 인해 춥고, 배고프고, 아프고, 고통스러우며, 또한 죽음의 공포가 주변에 도사리고 있습니다. 그렇지만 지금 우리는 마음만 먹으면 신앙 선조의 전통을 기억하며, 그 전통을 다시금 삶으로, 실천적인 행위로 드러낼 수 있습니다. 좋은 신앙의 전통을 되살리는 것은 결국 사람을 살리는 것이고, 더불어 세상을 살리는 것이면서 궁극적으로 하느님의 자녀로서 하느님의 사랑을 온전히 드러내는 행위가 될 것입니다.

콜레라,
신앙의 길을 인도하다!

2021년은 김대건(안드레아, 1821~1846) 신부님 탄생 200주년이었습니다. 이를 기념해서 한 해 동안 한국 천주교회는 "당신이 천주교인이오?"라는 주제로 희년을 선포했습니다. 교회 안팎에서도 김대건 신부님을 현양하는 다양한 행사들을 마련하였습니다. 이토록 김대건 신부님의 희년을 뜻 깊게 보내고자 중요한 행사들을 준비했지만, 코로나19로 인해 많은 어려움을 겪었습니다.

　김대건 신부님 탄생 200주년과 코로나19. 그런데 신부님이 탄생했던 200년 전, 1821년 8월 14일, 그 해와 그달을 전후로 하여 공교롭게도 조선에는 콜레라가 유행하여 수많은 이가 목숨을 잃었습니다. 콜레라가 유행할 때 조선 조정에서는 병명조차 알 수 없어서

"괴질"(怪疾)이라 불렀고, 그저 질병을 일으키는 귀신인 역귀(疫鬼)나 여귀(厲鬼)에게 제사를 지냄으로써 죽은 이들이 품고 있었던 원기(怨氣)를 달래어 '사회안정'을 꾀하고자 하였을 뿐입니다. 이러한 내용은 『순조실록』에 나와 있습니다.

특히 『순조실록』 1821년 8년 22일의 기사에는 콜레라의 위력을 볼 수 있는 내용이 있습니다.

> 경재(卿宰)[3] 이상 사망자가 10여 명이었고, 여느 관료나 백성은 그 수를 헤아릴 수 없이 많아 서울과 지방의 사망자까지 합하면 모두 수십만여 명이나 되었다. 그리고 관서 지방이 더욱 혹심하였는데, 금년 여름과 가을 사이에 이 병이 또 발생하였고 팔도도 모두 이와 같았다.

이를 통해 당시 콜레라로 인해 임금을 보필하는

---
[3] 임금을 보좌하며 모든 관원을 지휘하고 감독하는 일을 맡은 이품(二品) 이상의 벼슬에 있는 사람

고위직 관료가 10여 명 이상 죽었고, 서울과 지방에서 사망자의 숫자가 "수십만여 명"에 이르렀음을 알 수 있습니다.

괴질이라 불리던 콜레라는 그 후 1835년, 1859년, 1862년, 1879년, 1886년, 1895년 등 조선에서 여러 차례 발병했고, 수많은 인명 피해를 입혔습니다. 1895년이 되어, 콜레라의 음역으로 '호랑이가 물어뜯는 고통을 주는 질병'이라는 뜻의 '호열자'(虎列刺)라는 명칭이 사용되었고, 대한제국은 '호열자병 소독규칙'과 '예방규칙'을 제정하였습니다.(이주영, 2010)

'비브리오 콜레라'(Vibrio cholerae)라고 일컫는 병원균에 의해 발생한 콜레라는 하수 배수 시설이 제대로 갖춰지지 않은 조선에서 일상적인 공간으로 쏟아낸 배설물과 썩은 음식물 등이 주된 감염 통로가 되었습니다. 그리고 식수가 오염되어 질병이 발생하였고 대규모의 전염병으로 이어졌습니다. 그런데 민간에서는 콜레라를 '쥐가 발생시킨 질병'이라는 뜻에서 "쥐통" 또는 "쥐병"으로 부르기도 했습니다. 이는 당시 상소문4)에서도 알 수 있습니다.

(괴질이) 발에서 뱃속으로 치밀어들어, 경각간에 10명 중 한두 사람도 살지 못했다.

이를 통해 일반 사람들은 콜레라가 '쥐의 형상을 한 귀신이 몸속으로 파고들어 걸리는 병으로, 발을 통해 침입한 악귀가 다리를 갉아 먹으면서 올라가 내장을 손상시킨다'고 생각했습니다. 따라서 민간에서도 콜레라를 극복하기 위해서 다양한 방법을 동원했습니다.

대표적인 것으로 콜레라는 '쥐가 물어서 생긴 병'이라 생각했기에 부적에 고양이를 그려 넣거나 혹은 황소 머리를 대문 앞에 둠으로써 전염병을 일으키는 귀신을 퇴치할 수 있다고 생각했습니다. 또한 무당은 신령한 질병 치료자로 자처하면서 환자 가족에게 강한 신뢰를 얻었고, 민간에서 쉽게 구할 수 있는 개고기는

---

4) 『순조실록』, 1821년 8월 22일

즙이나 죽의 형태로 자주 활용되었습니다.(김신회, 2014)

콜레라에 걸리면 쥐에 물린 증상과 비슷하다고 해서 대문 앞에 고양이 부적을 붙여두었다고 한다.(샤를 바라Charles Varat의 『조선기행(Voyage en Corée)』, 1892)

    1821년 콜레라에 대한 조선 사람들의 경험에 대해 다블뤼(Daveluy, 1818~1866) 주교님은 다음과 같이 기록해놓았습니다.

    1821년에는 콜레라가 만연하여 그때까지 예비신자에 지나지 않던 많은 교우가 세례성사를 받게 되었는데, 어떤 사람들은 죽음에 때에 이르러 세례를 받았고, 어떤 이들은 재생(再生)의 은혜를 받지 못한 채 죽을 위험을 당하지 않으려고 미리 서둘러서 세례를 받았다. … 조선 사람들은 그 이야기를 할 때면 지금도 벌벌 떤다. 어디를 가나 죽음이요, 약은 하나도 없었다. 어떤 가정이든지 초상이 나고, 어떤 집에든지 시체가 있고, 또 가끔 행길에 송장이 즐비한 경우도 있었다.

이 기록을 통해 1821년 당시, 콜레라에 대한 두려움으로 인해 많은 사람이 천주교에 입교하여 '구원'을 위한 세례성사를 받았음을 알 수 있습니다. 실제로 냉담의 삶을 오랫동안 살다가 이 시기에 천주교로 돌아와 참된 신앙인의 삶을 살았고, 마침내 순교를 통해 하느님을 증언한 부부가 있었습니다. 바로 성 최창흡(베드로, 1786~1839)과 성녀 손소벽(막달레나, 1801~1840) 부부이며, 그 부부의 딸 역시 성녀 최영이(바르바라, 1818~1840)이고, 사위 성 조신철(가롤로, 1795~1839) 역시 순교의 길을 걸었습니다.

최창흡은 1801년의 순교자 최창현(요한, 1759~1801)의 동생이며, 서울 태생으로, 집안은 1801년 박해가 일어나기 전까지 공직을 수행하던 중인 출신입니다. 13세 때 형이 순교한 후, 최창흡은 오랫동안 천주교 신앙과 전혀 상관없이 살았습니다. 또한 손소벽 역시 1801년 박해 때 가족들의 순교를 경험했고, 그 후 오랫동안 교우가 없던 지방에서 살았기 때문에 천주교 신앙과 멀어진 채 살았습니다.

그 후 혼인한 두 사람은 콜레라가 조선을 무섭게 휩쓸던 1821년 무렵 천주교에 입교했고, 그 직후부터 모범적인 신앙생활을 통해 많은 이들에게 귀감이 되었습니다. 부부는 평소 자신들뿐 아니라 주변 동료들이 우러러볼 만한 겸손의 덕을 보여주었고, 타인에 대해 긍정적인 모습만 보려고 노력하였습니다. 부부 사이에 열한 남매가 태어났으나, 불행하게도 아홉은 세례를 받은 후 죽었고 큰 딸 최영이와 막내딸만 살아남았습니다.

콜레라와 코로나19. 둘 다 무서운 전염병이며 많은 이들의 목숨을 앗아간 질병입니다. 성 최창흡과 성녀 손소벽 부부는 콜레라 때문에 천주교 신앙에 입문했지만, 겸손과 희생을 통해 모범적인 삶을 보여줌으로써 당시 주변 사람들에게 큰 힘과 용기를 주었습니다. 그렇다면 우리 역시도 코로나19로 지친 일상을 살아가고 있지만, 비대면 세상에서 코로나19의 빠른 종식을 위해 기도하고, 신앙인으로서 귀감이 되는 삶을 살아간다면 어쩌면 그 삶이 우리 모두를 성인·성녀의 삶으로 초대하는 삶이 아닐까 생각해봅니다.

우리의 삶을 가로막는 코로나19, 그러나 함께 지내는 가족들에게 미소 짓고, 전화나 서신을 통해 이웃들에게 마음을 전하는 등 각자의 방법으로 사랑을 실천하는 하루하루를 살다 보면 코로나19가 끝난 후에는 한층 더 성숙해진 자기 자신과 이웃들을 만날 수 있을 것이라 확신합니다.

조선에서 처음으로
성모성월을 지내다

5월은 푸르른 자연이 펼쳐지는 아름다움과 그보다 더 곱디 고운 성모님 마음을 묵상할 수 있는 계절입니다. 그래서 이맘때면 나도 모르게 "맑은 하늘 오월은 성모님의 달 … " 하면서 성가를 부르곤 합니다. 이것이 모든 신앙인이 갖는 공통의 마음이 아닐까요. 가톨릭교회는 해마다 5월이면 성모님의 삶과 믿음에 대한 묵상의 시기인 '성모성월'을 지냅니다.

성모성월을 지내는 동안 본당이나 수도회에서는 특별히 하룻저녁 시간을 정해 교우들이 함께 모여 '성모의 밤'도 거행합니다. 이날 밤에 참석한 이들은 촛불을 들고 성모님의 덕행을 묵상하며 묵주기도를 바치고, 꽃을 봉헌하거나 성모님 앞에서 시를 낭송하는 등 오로지 성모님만을 묵상하는 시간을 보냅니다. 그날은 성모님 사랑의 치마폭에 싸여 눈물 나도록 행복한 순간을 보내는데, 코로나19가 기승을 부리고 있는 올해에는 그런 시간을 보낼 수 있을까 걱정이 앞섭니다.

최근 몇 년 동안, 코로나19로 인해 다중 모임이 제한되다 보니 교회 역시 여러 행사를 취소하거나 축소하였습니다. '성모의 밤'도 그러한 이유로 제대로 치르지 못하다 보니 과장 같지만 '성모의 밤'이 먼 과거의 일처럼 느껴집니다. 그런 생각이 들다가 문득, 박해 시기에도 신앙의 선조들은 '성모성월'을 지냈을까 혹은 '성모의 밤' 행사는 했을까 하는 궁금증이 생겼습니다.

당연히 관련 기록이 있습니다. 파리외방전교회 소속 선교사로서 1861년에 조선에 입국하여 1866년까지 선교사로 활동하다가 병인년 박해로 중국으로 피신했다가 고국인 프랑스로 돌아가서 생을 마감한 칼레(Alphonse Calais, 1833~1884) 신부님께서 남긴 기록이 있습니다. 신부님이 고향으로 보낸 자필 편지와 성 베르뇌(S. Siméon-François Berneux, 장경일, 1814~1866) 주교님에 관한 순교자 보고서에서 관련 기록을 살펴볼 수 있습니다. 그 내용은 다음과 같습니다.

가.

우리는 허름한 주교관에서 한국에서의 아름다운 성모성월을 처음으로 지냈습니다. 밤이 오면, 우리는 문과 출입구를 모두 단단히 닫아 잠그고, 우리가 최선을 다해 마련한 제대 위에 몇 개의 촛불을 켰고, 사람들이 주교관에 모두 다 모이고 나면, 주교님은 우리에게 매일 조금씩, 좋으신 성모님에 대하여 말씀해주셨으며, 이어 우리는 아주 조용한 소리로, 가능한 최소한의 소리만 내며 기도를 바치면서 그렇게 우리는 성모성월을 보냈습니다.5)

나.

조선을 묵상하며 장식한 거의 제단이라고 말해도 좋을 만한 것도 마련했습니다. … 주교님께서는 우리 각자

---

5) AME Vol. 579, f. 625. 미리내에서 칼레 신부가 파리외방전교회 교장 신부에게 보낸 1862년 10월자 서한.

의 구역을 성모님의 보호 아래 맡기고 또 좋으신 성모님의 축일을 각각의 명칭으로 삼으셨습니다.6)

다.
주교님께서는 주교관에서 성모성월을 지낼 때, 말할 필요도 없이 온갖 정성을 다하여 위엄 있는 여왕의 제단을 꾸미셨고, 매일 저녁 주교관에 사람이 모이면 공동 기도를 바쳤으며, 주교님께서는 큰 기쁨으로 천상 모후의 덕에 관하여 참석자들과 이야기를 나누었습니다.7)

위의 '가'와 '나'의 서한과 '다'의 순교자 보고서 내용을 전체적으로 정리해보면, 한국에서 '성모성월'은 1862년부터 지냈고, 이는 당시 조선 제4대 교구장인 베르뇌 주교님 때부터 교우들과 함께 모여 기도를

---

6) AME Vol. 579, f. 625. 미리내에서 칼레 신부가 리브와 신부에게 보낸 1862년 10월 31일자 서한.
7) 「칼레 신부가 작성한 베르뇌 주교의 약전과 순교 보고서」(1867년 1월 1일), AME Vol. 579, f. 1097.

바치면서 시작되었음을 확인할 수 있습니다. 그리고 '성모성월' 중에 '성모의 밤'을 특별하게 지낸 것 같지는 않고, 단지 '성모성월' 동안 기도를 바친 시간은 박해로 인해 '밤에만' 하였음을 알 수 있습니다. 장소는 베르뇌 주교님의 주교관이었습니다.

병인박해(1866) 때 순교한 강화도 무명 순교자 묘에서 출토된 성모상

준비 사항으로는 박해로 고통받고 있는 조선을 생각하며 만든 제대와 몇 개의 촛불을 켜놓는 것이었습니다. 특히 제대의 경우 "위엄 있는 모후의 제단"(l'autel de l'auguste Reine)이라고 표현할 정도로 정성을 기울여 꾸몄음을 알 수 있습니다. 진행 과정은 베르뇌 주교님께서 제대 앞에서 신자들에게 성모님의 덕행에 대해 강론했고, 그런 다음 묵주기도를 바쳤습니다.

이상의 내용을 통해 조선에서는 베르뇌 주교님께서 성모님에 대한 깊은 신심에서 비롯하여 '성모성월'이 자리매김 했음을 확인할 수 있습니다. 그리고 베르뇌 주교님이 간직했던 성모님에 대한 신심은 칼레 신부님의 순교자 보고서를 통해서도 살펴볼 수 있습니다.

동정 성모님께 깊은 신심을 가지셨던 주교님께서는 선교사들에게 신자들이 성모님을 잘 공경하도록 격려하는 일을 절대 잊어서는 안 된다고 누차 부탁하셨으며, 신자들이 매일 묵주기도를 바친다는 것을 아시고는 아주 흡족하셨으니, 매년 몇 달을 주교 곁에 머물렀던 한 선교사가 그분께서는 매일 묵주기도 전체를 바치는 것 같다고 말했습니다.

이 내용을 통해 조선 제4대 교구장이며, 1866년에 순교한 베르뇌 주교님의 삶과 신앙의 동력, 즉 '순교'에 대한 영적인 동력은 바로 성모님에 대한 깊고 굳건한 믿음임을 알 수 있습니다. 매일 묵주기도를 바치며 사셨던 주교님은 신자들도 매일 묵주기도를 바친다는 사실에 기뻐하셨고, 동료 선교사들에게도 신자들이 언제나 성모님을 잘 공경하도록 격려했던 모습에서 베르뇌 주교님은 '성모성월'만 특별했던 것이 아니라, 일상의 시간에서도 꾸준히 성모님과 함께하셨던 분임을 알 수 있습니다. 성모님 안에서 성모님과 함께 살아가는 삶, 바로 이 삶이 박해 중에 조선 천주교회를 지켰던 영적인 힘이었던 것입니다.

코로나가 온 세상뿐 아니라 우리의 신앙생활 대부분을 흔들어놓았지만, 깊고 깊은 뿌리까지는 흔들지 못했습니다. 대면 미사를 드리지 못했던 교우들은 비대면 미사에서라도 신앙의 중심을 잡으려고 노력했고,

다양한 방법으로 신앙을 강화하려고 혼신의 힘을 다했습니다.

그러기에 이번 달 '성모성월', '성모의 밤' 등에 대해 누군가가 주도적으로 개최하면 따라가는 수동적 자세가 아니라, 우리 각자가 지금 당장 묵주를 잡으면 좋겠습니다. 그래서 코로나 종식을 위해, 코로나로 고통받는 이들과 의료 종사자들을 위해 기도하면 됩니다. 바로 그 기도가, 올 한 해와 매달을 '성모성월'로 지내는 방법이며, 날마다 '성모의 밤'을 지내는 의미가 아닐까 합니다. 우리 모두 날마다 성모님께 간구하며, 보다 더 좋은 날이 오기를 희망하며 성모님과 함께 묵묵히 살아가는 신앙인이 되어봅시다.

박해시기
성물에 대한 교우들의 마음

성지를 순례할 때마다 그곳의 특징과 의미가 담긴 성물이 있으면 형편에 따라 그 성물을 구입합니다. 그런 다음 내 방이나 사무실에 두고서 이리 바라보고 저리 쳐다보면서 순례 때 가졌던 마음을 회상하고, 다짐을 새롭게 해봅니다. 그리고 묵주의 경우에는 한동안 그 묵주를 가지고 묵주기도를 바치기도 합니다.

그러다 지금 맡은 소임이 '개갑장터 순교성지' 담당 사제이다 보니, '개갑장터 순교성지의 영성화' 작업과 연계하여 이 성지만의 고유한 성물을 어떻게 제작할까 적잖이 고민을 하였습니다. '개갑장터 순교성지'를 방문한 이들이 순례 후에 자신의 삶의 자리로 돌아간 다음에도 이 성지의 영성을 자연스럽게 묵상할 수 있는 성물로 어떤 것을 만들면 좋을까! 십자가가 좋을까, 아니면 묵주? 외양간 경당을 담은 사진엽서는 어떨까, 소품으로는 무엇이 적합할까.

사실 전국의 성지마다 수많은 성물을 성물방에 잘 전시하고 있습니다. 그리고 신자들 대부분은 선물로 주고받은 성물을 가지고 있고, 기본적으로 다양한 종류의 성물을 넉넉하게 가지고 있습니다. 때로는 성물이 지니는 본래 고유의 의미보다는 '미'(美)와 '실용성'을 강조한 비싼 성물이 등장하기도 합니다.

이처럼 성물의 홍수 속에 살고 있는 지금과 달리 조선시대에 천주교가 박해받던 시기에는 성물의 소지 자체가 극도로 위험하였을 뿐 아니라 반입 자체도 어려웠을 겁니다. 그렇게 절박했던 시기에 성물에 대한 교우들의 마음은 어떠했을까를 생각해보게 됩니다.

1784년을 기점으로 조선에 천주교 신앙공동체가 형성된 이후, 조선 천주교회의 밀사 역할을 했던 교우들은 연행사(燕行使)[8] 틈에 끼여 중국을 다녀왔습니다. 이 밀사들은 북경(베이징) 교구와 조선의 신자들과 연결해주는 서신 전달이라는 주된 업무 외에도 조선에 들어올 때면 여러 가지 천주교 관련 서적과 함께 성물도 몰래 들여와 신자들에게 보급해주었습니다. 그리고 1836년 이후 성 앵베르 라우렌시오(S. Laurent-Joseph-Marius Imbert, 범세형, 1797~1839) 주교, 성 모방 베드로(S. Pierre Philibert Maubant, 나백다록, 1803~1839) 신부, 성 샤스탕 야고보(S. Jacques-Honoré Chastan, 정아각백, 1803~1839) 신부 등 외국인 선교사들이 중국 간 국경인 의주 변문을 통해 몰래 조선에 입국할 때 짐과 함께 조선 신자들에게 영적인 도움을 줄 성물을 준비해서 들어왔습니다.

이처럼 북경을 왕래하는 밀사나 조선에 입국한 선교사들이 들여온 성물은 제한적이었지만 신자들 사이에 비밀스럽게 보급되곤 하였습니다. 성물에 대한 조선인 교우들의 관심에 대한 구체적인 자료에 대해서는 역시 선교사로 활동했던 성 다블뤼(S.Marie-Nicolas-Antoine Daveluy, 안돈이, 1818~1866) 주교가

---

8) 연행사는 조선시대에 청나라의 수도인 연경(燕京, 현재의 베이징)에 파견되었던 사신단을 의미한다. 1637년(인조 15년)부터 1893년(고종 30년)까지 약 256년간 500회 넘게 파견되었다. 연행사는 조선과 청나라 사이의 외교 및 무역 관계에서 중요한 역할을 담당했다.

1847년 10월, 부모님에게 쓴 편지 내용에서 살펴볼
수 있습니다.

(조선에서) 쇠약하고 병약한 75세의 노인이 있어서 제
가 작년 겨울에 그에게 종부성사를 주었습니다. 그의
소원은 오직 묵주, 십자고상, 성패 등의 성물을 갖는
것이었지요. 딱하게도 그는 몹시 가난합니다. 그래서
그나마 힘이 있을 때를 이용해 매일 짚신을 삼는데, 그
가 일에 능숙하지 못하니까 짚신 한 켤레에 1수를 벌
지요. 그는 받은 돈을 작은 주머니에 고이 넣어두고 새
로운 성물을 구입할 만큼의 액수가 모이기를 기다립
니다. 식량을 살 돈이 떨어졌다 해도 절대로 그 소중한
돈에는 손을 대지 못합니다.

위의 내용을 통해 알 수 있듯이, 당시 조선의 천주
교 신자들은 묵주, 십자고상, 성패 등 성물을 진심 간
직하고 싶어 했음을 엿볼 수 있습니다. 특히 위의 사례
처럼 교우들은 성물 구입비용을 마련하고자 힘겨운 노
력까지 기울였음을 알 수 있습니다. 이를 통해 신앙의

선조들은 가난했고, 그래서 육체적인 배고픔에 허덕이며 살았지만 영적인 갈증을 채워줄 성물 마련에 대한 갈망은 결코 버리지 않았음을 확인할 수 있습니다.

기해박해 무명 순교자의 무덤에서 발굴한 묵주

그런데 1839년 기해년에 조선에서 엄청난 대박해가 일어났습니다. 그리고 외국인 선교사의 조선 입국이 발각되면서 중국과 조선의 국경 지대인 의주 변문을 통한 출입국의 길은 검문검색 강화로 엄격하게 통제되었습니다. 특히 '통행증' 역할을 하는 작은 나무패가 없으면 조선 출입국 자체가 불가능했습니다. 이는 다음의 기록을 통해 살펴볼 수 있습니다.

조정은 사신단 소속 사람들과 상인 자격으로 사신단을 따라가는 사람들 모두 의주 관문에서 통행증을 필히 받도록 하였는데, 이 통행증은 길이 3푸스(pouce, 약 8센티미터), 폭 1푸스(약 2.7센티미터)의 작은 나무패입니다. 이 나무패에 여행자의 성명과 고향이 적혀 있고 그 아래에 관인이 찍혀 있습니다. 상업적인 목적 외에 다른 목적으로 중국에 가려는 사람은 누구나 이 통행증을 얻기 전에 대단히 성가신 수많은 질문을 받게 됩니다. (중국에 갔다가) 돌아오는 사람은 통행증을 발급한 관문의 수장에게 그것을 반납해야 하는데, 그것을 갖고 있지 않은 사람은 누구나 체포됩니다.

이 서한에서 말하는 작은 나무패로 된 '통행증'은 오늘날의 여권과도 같은 것임을 알 수 있습니다. 그런데 그것의 발행 목적이 외국인의 조선 입국을 철저히 통제하기 위한 수단이었던 것입니다. 이를 통해 1839년의 천주교 박해 이후 외국인 선교사의 입국뿐 아니라 조선 교회가 파견하는 밀사조차 의주 변문을 통해 중국을 쉽사리 드나들 수 없었습니다. 이는 곧 조선으로 천주교와 관련한 서적은 물론 성물의 반입이 불가능했음을 알 수 있습니다. 이러한 사실은 앞서 언급했던 부분으로 다블뤼 신부가 1847년 10월, 부모님에게 쓴 편지에도 기록되어 있습니다.

작년엔 교우들을 감시하기 위해 관장 두 명이 추가로 국경에 파견되었습니다. 우리의 편지 심부름꾼은 성물을 몇 가지 가져오다 천만다행으로 중국 국경을 출발하면서 그 소식을 미리 통보받았습니다. 그는 즉시 변문으로 돌아가 그곳에다 그 성물들을 맡겨놓고 편지들만 가져왔지요. 그것은 참으로 다행스러운 생각이었는데, 왜냐하면 예전의 관례를 깨고 모든 보따리는 어느 방을 통과해야 하는데, 그곳에서 보따리를 전부 개봉해 안의 내용물들을 샅샅이 조사하기 때문입니다. 만일 성물을 가져왔더라면 전부 압수되었을 테고 그 여파로 박해가 일어났겠지요.

이 서한의 내용을 통해 당시 국경 주변의 삼엄한 경비 상황과 성물 반입의 어려움을 여실히 볼 수 있습니다. 조선 교회의 신자들이 파견한 밀사나 심부름 꾼의 경우 중국에 갔다가 조선으로 다시 재입국할 때면 "어느 방"에 들어가야만 했고, 그 방에서 조선인 군사는 모든 짐을 풀어헤치고 샅샅이 조사했습니다. 조선의 교우들은 성물을 간절히 원했지만, 이런 상황에서 성물 반입은 상상조차 하기 힘든 일이 되고 말았습니다.

사제를 제대로 만날 수 없었고, 그토록 염원하던 성사 생활도 충실하게 할 수 없던 박해시기에 성물은 교우들에게 신앙의 의미를 되새겨주는 힘이었고, 기도할 원의를 갖게 해주는 중요한 도구였으며, 자신이 믿고 있는 교회의 가르침을 일상 안에서 충실히 믿을 수 있도록 이끌어주는 교리서와 같은 역할을 하였습니다. 그래서 신자들은 성물을 간직하고 싶은 마음이 컸습니다.

그렇지만 잦은 박해와 특히 1839년 박해 이후 천주교 신앙에 대한 강력한 탄압은 평범한 사람조차 천주교에 대해 관심을 갖는 것조차 두렵게 만들었습니다. 그래서 신자들은 성물을 어딘가에 감추어놓고 살아야만 했습니다. 그러다 어렵게 구했지만 몰래 숨겨놓고 간직하던 성물이 부식되어 녹이 슬거나 묵주의 줄이 끊어지거나 종이로 된 서적이 삭아서 훼손되는 일도 일어났습니다. 그럼에도 새롭게 성물을 구할 수 없던 신자들의 마음은 정말 많이 무거웠을 것입니다.

그러다 다시 성물을 구할 수 있는 기회가 생겼습니다. 부제품을 받고 조선에 입국해 있던 김대건 부제가 중국에서 기다리고 있는 선교사를 조선으로 모셔오기 위해 현석문을 비롯하여 조선인 신자 열한 명을 모집합니다. 그리고 그 일행은 1845년 4월 30일 제물포를 출발하여 5월 28일에 오송을 경유하여 6월 4일에 상해에 도착합니다. 이렇게 상해에 도착한 교우들이 그곳에서 했던 일 중에 눈에 띄는 부분이 있습니다. 다음은 당시 그들과 지내다 함께 조선으로 입국한 다블뤼 신부님의 서한 내용에 기록되어 있는 내용입니다.

우리 교우들이 얼마나 성물에 열광하는지, 그것에 관해 짧게 이야기를 하겠습니다. 우리가 중국에서 떠나올 때 우리를 데리러 왔던 조선인들 중 여러 명이 성물을 구비해 갔습니다.

이를 통해서 김대건 부제와 함께 상해로 건너간 조선인 신자들은 도착하자마자 성물 구입에 열성을 보였다는 사실을 알 수 있습니다. 이어서 다블뤼 신부님은 다음의 내용도 함께 기록해놓았습니다.

우리 일행(페레올 주교, 다블뤼 신부, 김대건 신부, 그 밖의 조선인 교우 11명)이 조선에 도착하자, 교우들은 저마다 성물을 얻기 위해 전 재산을 내놓았시요. 그래서 모든 성물이 떨어져서 더 이상 남아 있는 것이 없게 되자 교우들은 투덜대고 불평을 늘어놓고 거의 전쟁을 벌이다시피 했습니다. 제가 작은 성물 하나라도 주게 되면 온 가족의 기쁨이 극에 이르렀고 며칠 동안이나 그것을 이리저리 사방으로 들여다봅니다.

위의 내용은 김대건 부제가 1845년 8월 17일에 사제품을 받은 후, 페레올(Jean-Joseph-Jean-Baptiste Ferréol, 1808~1853) 주교, 다블뤼 신부, 김대건 신부, 그리고 조선인 신자 열한 명과 함께 1845년 10월 12일 조선에 입국한 이후의 상황입니다. 당시 조선인 교우들은 조선인 사제 김대건 신부와 조선대목구장인 페레올 주교를 맞이하면서 새롭게 성물이 들어왔음을 알고 기뻐했던 모양입니다.

배론 교우촌에서 출토된 십자가(부산 오륜대 한국순교자박물관 자료)

그래서 교우들은 성물을 사기 위해 자신의 재산을 내놓았으며, 이내 곧 반입한 성물이 바닥나자 "전쟁"이라는 표현을 쓸 정도로 신자들 사이에서 성물 쟁탈전이 벌어졌고, 성물을 구입하지 못한 신자들은 투덜거림과 불평이 컸음을 알 수 있습니다. 그리고 다블뤼 신부님의 경우 자신이 개인적으로 가지고 온 성물은 조선인 신자들에게 나누어준 모양입니다. 이를 받은 신자들은 무척 기뻐했고, 그 성물을 몇 날 며칠을 쳐다보았다는 사실을 자신의 편지에 기록해놓았습니다.

성물과 관련해서 다음과 같은 이야기도 있습니다. 다블뤼 신부님은 1848년 사목 방문을 계획하고 교우촌으로 향하였습니다. 그런데 교우촌으로 가는 도중에 말이 상처를 입어 절뚝거리자 다른 말을 빌리려고 했습니다. 그러나 말을 빌리지 못해 사목방문이 취소되자 신부님은 자신을 맞이하러 온 교우들에게 이렇게 말하고 헤어졌습니다.

어느 날엔가는 (교우촌에) 꼭 가겠습니다. 이미 튼튼한 말 두 필 마련해놓으라는 주문도 이미 해놓았습니다. 조금만 더 기다리면 길을 나설 것입니다. 여기서 거기까지, 두 교우 마을 사이의 거는 열흘이 걸리는 거리이기에 그때까지 내 마음도 편하지 않을 것입니다. 항상 여러분이 있는 곳을 생각하겠습니다.

그런 다음 신부님은 발길을 돌리면서 그 교우촌의 교우들에게 나눠주라고 성물 40개를 보냈던 모양입니다. 신부님을 맞으러 온 교우들은 그 성물을 받아들고 교우촌으로 되돌아갔습니다. 당시 사목방문을 준비했다가 취소된 그 교우촌 신자들의 모습에 대해서 다블뤼 신부님은 이렇게 묘사해놓았습니다.

나를 데리러 왔던 교우들이 돌아가자 가련한 그곳 교우들은 모두 회장 집에 모여 미리 준비해놓았던 제대에 머리를 갖다 대고 한참을 곡을 했대. 그러고 나서 내가 보낸 성물들을 받으며 거기에 친구(親口)를 했는데 그러는 내내 그들의 눈에서는 눈물이 마르지 않았다고 하더군. 그들은 나를 기다리며 기도하겠지. 아, 그러나 나는 언제쯤 그들 가운데에 가서 있을까?

그토록 만나기를 고대하던 사제를 만나지 못하자 제대에 머리를 갖다 대고 한참 동안 곡을 하던 우리 신앙의 선조들! 그리고 사제가 선물로 주는 성물을 받고 그 성물에 친구(親口)를 하는 데 눈에서는 눈물이 마르지 않았다는 은혜로운 이야기. 성사 생활을 하지 못한 아쉬움뿐 아니라, 그토록 보고 싶었던 사제를 보지 못한 가운데 성물을 선물로 받자 감동의 눈물을 흘리는 그 모습을 떠올리며 박해시기 신앙의 선조들에게 성물이 정말로 귀하고 소중해서 감동의 눈물을 흘리게 만든 은총임을 깨닫게 됩니다.

다시금 주변의 성물을 바라봅니다. 십자가, 묵주, 성패 …. 이런 성물의 모습은 예전이나 지금이나 거의 비슷했을 겁니다. 그러나 박해시기 신자들이 생각했던 성물과 지금 우리가 바라보고 있는 성물을 대하는 마음은 차이가 있습니다. 아무리 시대가 변하고 세월이 변해도 달라지지 않아야 하는 것은 '마음'이겠지요. 그 옛날 성물의 역할과 지금 성물의 역할은 다를 수 있겠으나, 성물이 결국 우리를 기도로 이끌어주고, 하느님을 만나게 해주는 그 마음에는 변함이 없어야 합니다.

성물을 단지 집안의 장식용으로만, 신체의 장식품으로만 여기지 않는다면, 하느님을 향한 지금 우리의 마음을 표현해주는 성물의 본래 가치는 결코 변하지 않을 것입니다.

박해시기
혼인 예식은 어디에서 어떻게

오랜만에 조카로부터 전화가 걸려왔습니다. 그리고 대뜸 "삼촌, 나 결혼해" 합니다. 순간, 가슴이 쿵쿵거렸습니다. 눈에 넣어도 아프지 않을 조카 녀석이 벌써 결혼을 한다니! 정신 차리고 생각해보니 결혼할 나이였습니다. 왠지 허전한 마음이 들었지만, 애써 태연한 척 말했습니다.

"그래, 축하해."

"그런데 삼촌, 내 결혼식 주례는 당연히 삼촌이 해주는 거 알지?"

"그럼, 네가 이 세상에 태어날 때부터 약속한 건데 당연하지."

"그리고 삼촌, 부탁이 하나 있어. 나랑 남자 친구는 약현성당에서 결혼식을 하고 싶거든. 그래서 조만

간에 결혼식 날짜 추첨을 하러 약현성당엘 가는데, 내가 원하는 날짜와 그 성당에서 결혼식을 꼭 할 수 있도록 기도해줘. 알겠지?"

'나 원 참!' 결혼하는 두 사람을 위해 기도해달라는 말은 많이 들었지만 원하는 날짜와 장소에서 결혼할 수 있도록 기도해달라는 말은 처음 듣는 말이라 약간 당황스러웠습니다. 그러나 조카가 좋은 남자를 만나서 행복한 결혼 생활을 할 수 있다면야 무슨 기도인들 못하겠나 싶은 생각이 들었습니다. 그리고 결혼은 당사자가 주인공이고, 일생에 단 한 번뿐인 결혼식이기에 잘 치르고 싶은 마음은 누구에게도 중요하기에.

그렇다면 조선 후기, 조선 조정에서 천주교를 박해하던 시기에 신앙의 선조들은 언제 어디서 어떤 방식으로 혼인 예식을 했을까요? 둘 혹은 세 사람만 모여도 호기심에 여러 사람이 몰리던 당시 사회에서 인생의 중요한 통과의례인 혼인은 당사자뿐 아니라 친인척에게까지 중요한 관심거리였습니다. 그러나 신앙 선조들은 일반 사람들의 관심뿐 아니라 가까운 가족들의 축하를 받으며 거행하는 혼인 예식조차 생각할 수 없었습니다. 사제조차 부족해서 쉽사리 혼인성사를 할 수 없었기에 신앙의 선조들은 정말 특별한 방식으로 혼인 예식을 조심스럽게 진행했습니다.

우선 박해시기, 성당이 없던 당시에는 교우촌을 중심으로 신자들이 공소에 모여 기도하였습니다. 그러나 평소에는 신자들이 모일 수 없었기에 교우들 중에는 기도를 드릴 때, 특히 주일이 될 때면 능력껏 자신의 집에 작은 기도실을 마련한 경우가 있었습니다. 기도실을 꾸며놓은 사례를 보면, 우선 귀한 비단이나 꽃무늬 헝겊 조각을 마련한 후 자신의 방 벽면에 쳐놓은 다음, 그 천 위에 '십자가'나 '성패' 혹은 '성화' 등 평소 가지고 있던 성물이나 성상을 매달았습니다.

사제의 사목방문이 있으면 교우촌의 경우 공소나 혹은 개인적으로 기도하는 집을 마련한 곳에서 성사를 거행하였습니다. 이때 당시 귀하디귀한 축복 받은 초를 내놓았고, 그 초에 불을 붙여 거룩한 공간으로 만들어 함께 기도하는 분위기를 조성하였습니다. 이를 통해 성당이 없던 당시에 교우들은 자신의 집에 기도하는 날과 때를 정해서 기도했음을 알 수 있습니다.

문득 신앙의 선조들이 기도하는 공간을 정성껏 마련하는 모습을 상상해봅니다. 마음이 짠해집니다. 하느님을 만나려고 기도할 때면 자기가 할 수 있는 만큼 자신의 집에 기도의 공간을 준비하려는 그 모습, 상상만 해도 우리들 마음을 따뜻하게 해줍니다.

그렇게 '기도하는 공간'이었던 장소를 배경으로 열린 혼인 예식을 확인해봅니다. 박해시기 동안 신자들 대부분은 1년 혹은 2년에 한 번, 교우촌 사목방문을 할 때만 겨우 사제를 만날 수 있었습니다. 그것도 사제가 한국 내에 있을 경우에 한해서입니다. 그래서 혼인 당사자와 사제와의 시간과 일정이 맞지 않는 경우가 많았습니다. 이 문제를 해결하고자 혼인 예식은 그 지역의 공소회장이 주관하는 경우가 대부분이었습니다. 그래서 공소회장의 중요한 역할 중에는 혼인 예식을 주관하는 내용도 있었습니다.

만일 교우 중에서 결혼하기를 원하되, 신부가 오시기를 기다리지 못할 것이면, 만일 그 혼배의 조당이 없거든 회장이 마땅히 성례(成禮)하여 그 혼배하기를 원하

는 줄을 안 후에 즉시 규구대로 염경할 것이요.9)

이를 통해 박해시기, 혼인을 앞둔 교우가 있고 시간상으로 혼인 성사를 집전할 사제를 기다릴 수 없을 경우 교회법적으로 문제가 없으면 공소회장이 혼인 예식을 주관했습니다. 그렇다면 공소회장이 혼배 예식을 어떻게 주관했는지에 대한 내용은 살펴볼까요. 이에 대한 구체적인 사례는 찾기가 무척 어려웠으나 가까스로 『포도청등록(捕盜廳謄錄)』에서 발견할 수 있었습니다. 『포도청등록』 1872(壬申)년 1월 27일 기사에는 '사학(邪學) 죄인 여자 지덕희(池德嬉)'에 대한 문초 기록이 있습니다. 이 기록에는 공소회장이 주관하는 혼인 예식 절차가 다음과 같이 설명되어 있습니다.

우선 혼인 당사자가 공소회장에게 자신들의 혼인 예식 주례를 청합니다. 그래서 혼인 예식을 거행할 날이 되면, 공소회장은 신부 측 집을 찾아갑니다. 그런 다음

---

9) 「회장규조(會長規條)」, 『순교자와 증거자들』, 140~142쪽.

잘 준비된 십자가를 그 집의 벽에 걸어놓습니다. 신랑과 신부는 공소회장 앞에서 '신앙고백'을 한 후에 서로 맞절을 하면서 혼인 예식이 마무리됩니다.

아주 간단한 혼인 예식이지만, 박해시기라는 시대적 상황을 생각하면 충분히 납득이 가는 장면입니다.
박해시기 신앙 선조들의 혼인 예식은 성당 내부에 화려하게 장시해놓은 곳에서 이루어지지 않았습니다. 그리고 하객의 축하도 없었을 뿐더러 멋지게 차려입은 신부와 신랑의 모습도 없었습니다. 하지만 혼인 예식을 할 때마다 신앙 선조들은 혼인하는 방의 벽에 귀한 십자가를 걸어놓고, 신앙인으로서 '사도신경'을 통해 신앙을 고백하였으며, 신랑과 신부가 신앙 안에서 아끼고 존경하는 마음으로 살겠다는 다짐의 표현인 맞절을 했습니다. 신앙의 선조들은 천주교 신앙인으로서 혼인의 본질이 무엇인지를 분명 알고 있었던 것입니다.
요즘에는 스몰 웨딩이니, 가족들만의 작은 결혼식 같은 형식의 결혼식을 자주 접합니다. 그리고 그리스도교 신앙인의 결혼식도 신앙 안에서 나름의 사회적 형식을 갖추고 다양한 모습으로 열리고 있습니다. 우리 천주교 신앙인들은 박해시기 신앙 선조들이 혼인예식 때 예수 그리스도의 십자가 앞에서 각자의 신앙을 고백하고, 서로에 대한 배려의 마음을 담은 맞절을 통해 그리스도 신앙인답게 살고자 노력했던 그 절실한 마음을 돌아보면 좋겠습니다. 그래서 앞으로 혼인하는 예비부부들이 혼인의 외적인 화려함만큼이나 내적으로도 혼인의 의미가 진정 무엇인지를 살펴보면 좋겠습니다.

사랑하는 조카의 모습이 떠오릅니다. 지금은 원하는 날짜에 원하는 성당에서 혼인하고 싶은 마음이 우선이겠습니다. 그러나 결혼 후에는 새로 꾸린 신혼집에 십자가의 주님을 고이 모시고, 날마다 서로가 신앙고백을 하며, 언제나 배우자를 사랑하는 마음을 담은 맞절의 정신을 간직하며 행복하게 살기를 삼촌으로서 기도하고 또 기도해봅니다.

1866년 병인박해 이후, 사제가 없던 10년 동안 무슨 일이 있었을까?

1784년, 조선에 천주교 신앙공동체가 형성되면서 '예수 그리스도'라는 빛이 전파되었습니다. 그래서 많은 이들이 '인간의 존엄', '평등', '나눔' 등의 가치를 깨달았고, 새로운 세상에 대한 희망을 간직하면서 삶의 등불을 밝혔습니다.

그러나 조선 조정은 기득권을 유지하기 위해 정치적·사회적·관습적인 이유로 천주교 신앙의 등불을 끄고자 했고, 실제로 천주교를 "그릇된 사상"이라고 규정한 후 천주교 신앙인을 철저히 탄압하면서 수없이 많은 박해를 가했습니다.

그 박해 중에 1866년에 시작하여 1873년 흥선대원군이 하야할 때까지 자행된 병인년 대박해 때에 너

선교를 위해 입국했다가 조선에서 순교한 파리외방전교회 프랑스인 사제들.
중앙에 명동대성당(Cathedrale de Seoul)과 용산신학교(Chapelle de Ryongsan)의 모습이 그려져 있다.

무도 많은 천주교 신자가 체포된 후 순교하였습니다.

그로 인해 조선에서 천주교 신앙의 흔적마저 완전히 사라진 듯하였습니다. 특히 이 박해 때에는 조선 교구의 선교 책임을 맡았던 파리외방전교회 소속 선교사 열두 명 중에 아홉 명이 체포된 후 순교했습니다. 간신히 살아남은 선교사 세 명이 조선 교구가 겪는 박해 상황을 외부로 알리기 위해 중국으로 탈출함으로써 선교사들이 조선에 재입국하는 1876년까지 약 10년 동안 조선에는 성직자가 존재하지 않았습니다.

그 선교사 세 명 중에, 1861년 조선에 선교사로 입국했다가 5년 동안 사목한 후 1866년 병인박해 때 중국으로 탈출한 리델(Félix-Clair Ridel, 이복명, 1830~1884) 신부님이 있습니다. 이분은 중국 만주에 머물며 조선 재입국을 물색하던 중인 1870년에 제6대 조선교구장으로 서품되셨고, 그 후 1877년에 조선 재입국에 성공합니다.

그래서 리델 주교님의 경우, 박해 이전의 교회 상황과 1877년 조선에 재입국했을 당시 교회가 처한 모습을 잘 알고 있었습니다. 이에 주교님은 파리외방전교회 총본부에 보낸 선교지 「조선에 대한 1878년도 보고서」에는 다음과 같이 언급하였습니다.

> 수많은 신입 교우들이 무시무시한 형벌로 사망하였으며, 산이며 숲속으로 피신했던 다른 교우들은 빈곤과 기아로 사망하였습니다. 그 외 살아남은 교우들은 흩어졌고, 그들의 모든 재산은 남이 있지를 않습니다. 한때 번창했던 이 선교 지역에 지금 남은 것이라고는 폐허일 뿐입니다. … 이곳(조선 천주교회) 현황을 간단히 요약해 전하겠습니다. 솔직히 인간적으로 표현해서 정말 불안한 상태입니다. 갖춘 것이란 아무것도 없습니다. 회장, 복사, 집지기, 아무도 없습니다.

이를 통해, 1866년 병인박해가 얼마나 잔혹했는지 알 수 있습니다. 박해의 여파로 예수 그리스도라는 빛은 거의 꺼져가고 있었고, 살아남은 신자의 경우 산간벽지로 들어가 숨어 살았기에 굶주림과 추위로 인해 목숨을 잃거나 야생 동물의 위협으로 인해 언제 죽을지 모를 상황 앞에 놓여 있었습니다.

그런 최악의 상태가 한 달 두 달 혹은 일 년, 이 년 이어지다가 십 년 정도 지속되었기에 신앙의 자유를 누릴 날을 소망하며 살아간다는 것은 한 마디로 잔인한 '희망 고문'이나 다름없었습니다.

이처럼 천주교 신앙의 등불이 꺼져가고 있던 때, 기름 한 방 방울 한 방울 같은 신앙 행위로 예수 그리스도라는 빛을 지탱시키며 살았던 이들이 있었습니다. 다음의 내용을 살펴보면 조선 전주교회에서는 1882년부터 1887년까지 '1839~1846년에 순교한 이들에 대한 시복 재판'이 있었습니다. 이때 시복 재판의 증언자로 참석한 교우 김 막달레나의 경우 사제가 없던 10여 년 동안 날마다 대송(代誦)을 바치며 신앙을 유지하고 있었습니다.

> 금년 3월 초승에 고해·영성체 하옵고 영세한 후 이때까지 신부가 계시면 해마다 성사를 받았고, 신부가 아니 계시면 첨례를 궐할까 하여 10여 년을 날마다 대송을 하였습니다.

그리고 시복 재판의 증언자로 1884년에 참석한 김 프란치스코는 10여 년 동안 조선에 선교사가 없을 때 성사 생활을 위하여 중국에까지 간 적이 있었습니다.

죄인의 성은 김씨요 본명은 프란치스코요 … 신부 아니 계신 때를 당하여는 중국에 들어가 성사를 받았습니다.

또한 1893년의 선교사 보고서에는 허 바오로라는 노인의 이야기가 있습니다. 그분은 1839년, 18세 때 천주교 세례를 받은 후 한 번도 성사를 받은 적이 없었습니다. 하지만 날마다 삼종기도와 사도신경, 십계명을 외우면서 자신의 신앙을 지켜냈습니다.

1839년 박해 때에 18세로 세례를 받은 허 바오로는 그 뒤로 한 번도 성사를 받은 적이 없었는데, 그래도 날마다 삼종경과 종도신경과 십계명을 외웠다고 합니다. 아마 이 행동 덕택으로 하느님께서 올해에 고백성사를 받는 은혜를 그에게 주셨나봅니다.

이어서 1894년의 선교사 보고서에는 퀴틀리에 (Jean Jules Leon Curlier, 1863~1935) 신부님의 선교 활동에 관한 이야기가 있습니다.

올해에도 교우 33명이 대부분 1866년의 대박해 때 떠났던 교회의 품 안으로 돌아왔습니다. 비록 두려움이나 다른 일로 인해서 30년 동안이나 성사를 받지 못하게 되었지만, 모두가 삼종경이나 천주경을 외는 것 같은 어느 정도의 계율을 지켜왔습니다.

이 보고서에서 퀴틀리에 신부는 1866년 박해로 교회를 떠난 신자들이 해마다 교회로 돌아온 사실을 언급합니다. 특히 그들은 30년 동안이나 성사를 받지 못했으나, 삼종기도나 주님의 기도 등을 바치며 나름대로 천주교의 가르침을 꾸준히 실천하며 살아왔습니다.

계속해서 1895년 보고서에서는 부이용(Camille

Bouillon, 1869~1947) 신부님의 선교 활동에 관한 내용이 나오는데, 여기서 신부님은 순교자들의 후손을 만난 사실을 언급합니다.

특히 하늘의 도우심으로 옛 순교자들의 자손들을 발견하였는데 이들은 단 한 번도 선교사들을 본 적도 없으며, 신자다운 신자조차 본 일이 없다는 것입니다. 더구나 영세를 받지 못했음에도 불구하고 가톨릭적 전통 관습을 온전히 지켜왔다는 것은 매우 흥미로운 일입니다.

부이용 신부님은 자신이 만난 순교자 후손들의 경우 선교사나 신자들을 만난 적도 없고, 영세조차 받지 않았음에도 불구하고, 가톨릭 전통과 관습을 집안의 전통으로 알고 이를 유지하며 살고 있었다고 합니다.

1866년의 병인년 대박해! 수많은 신자가 죽음을 맞았고, 성사 생활을 영위해줄 사제조차 없었으며, 심지어 신앙을 이끌어줄 평신도 지도자마저 없었기에 예수 그리스도라는 빛은 사라져가던 때에 기도를 통해 빛을 밝히기 위해 기름 한 방울의 역할을 했던 교우들의 모습을 생각해봅니다.

너무나도 모진 박해로 최악의 상황을 겪었음에도 기도하기를 잊지 않았던 신앙 선조들의 삶이야말로 오늘날 한국 교회의 밑바탕임을 확인할 수 있습니다. 1866년 병인박해로 꺼져가던 신앙의 등불을 지탱시켜준 이 땅의 모든 신앙 선조들에게 진심으로 감사함을 느끼며 머리를 숙이게 됩니다.

명동대성당의
종소리

얼마 전에 명동에 다녀온 적이 있습니다. 그날따라 그 수많은 사람이 밤사이에 어디에 있다가 이렇게 나타났을까 싶을 정도로 인산인해를 이루었습니다. 그리고 명동 거리를 걷는데 내가 지금 한국에 있는지 아니면 아시아의 어느 도시에 있는지 헷갈릴 만큼 여러 나라 말이 뒤섞여 들렸습니다.

명동은 성탄절 전후로 수많은 인파가 몰려서 걷기조차 힘든 곳이지요. 명동이 우리나라 도시에 있는 도심 중에서 가장 번화한 도심의 대명사임이 틀림없습니다. 또 땅값 비싸기로 소문난 곳인 걸 보면 명동 일대의 하루 유동 인구가 얼마나 많은지 가늠할 수 있습니다.

이처럼 명동은 수없이 많은 사람이 모이는 곳입니

다. 외국인 관광객을 비롯하여 사람과 사람, 사람과 문화가 어우러지는 바로 그곳에 우리 가톨릭 신앙의 대명사로 불리는 명동대성당이 자리하고 있습니다. 최고의 번화가에 우뚝 서서 한국 천주교회 역사와 한국 사회의 역사를 함께 아우르고 있는 명동대성당의 모습은 천주교 신앙인에게 자부심을 불어넣어 줍니다.

우리가 알고 있는 것처럼 명동대성당은 1882년에 한국 교회 최초로 본당으로 설정되었습니다. 1887년 5월에 조선 제7대 교구장인 블랑(Marie-Jean-Gustave

1898년 5월 29일 명동대성당 축성식 참석자들이 기념사진을 찍고 있다.(가톨릭신문 자료사진)

Blanc, 백규삼, 1844~1890) 주교가 명동 땅을 매입하여 1892년 5월 8일에 기공식을 하였으며, 1898년 5월 29일, 성령강림대축일날 성대한 축성식을 가졌습니다. 다시 말해서, 그렇게 성당이 세워져서 한 세기를 넘어 오늘에 이른 것입니다.

이러한 명동대성당을 생각하면, 여러분은 제일 먼저 무엇이 떠오르는지요? 사람마다 다 다를 것입니다. 저는 명동대성당 하면 종소리가 가장 먼저 떠오릅니다. 명동대성당 주변을 걸어본 분들은 알 테지만 오전 6시와 정오, 오후 6시가 되면 명동대성당에서 종소리가 울려 퍼집니다. 종소리가 그렇게 은은할 수 없습니다. 특히 종이 울릴 때 수많은 사람 사이에서 천주교 신자들, 특히 성직자나 수도자들이 종소리에 맞추어 삼종기도를 바치는 모습을 보면, 같은 신앙을 고백하는 사람들에게서 영적인 연대감을 느낍니다.

전에는 명동대성당 들머리에 서서 과거 1898년 5월, 이곳 성당을 축성할 당시의 주변 모습을 상상해본 적이 있습니다. 서울 중심부에서 남산으로 가는 언덕 즈음에 우뚝 솟은 명동대성당과 주변 전경!

지금은 고층 건물들이 즐비하게 들어섰지만, 명동 대성당에서 내려 보이는 주변은 대부분 평지였고, 인근에는 아무것도 없었을 것입니다. 그때 붉은 벽돌 성당에서 은은하게 울리는 종소리는 환희와 찬미의 소리였던 것입니다. 또한 그 소리는 이날 이 순간을 기다리며 살았던 신앙의 선조들, 진정으로 신앙의 자유를 염원했던 당시 천주교 신자들의 애간장을 녹이는 소리였습니다.

오, 하느님 아버지. 이제사 숨어서가 아니라, 온 세상 사람들 앞에서 천주님을 아버지 하느님이라 고백할 수 있게 되었습니다. 그리고 그토록 갈망하던 성사 생활, 이제 한밤중에 숨어서가 아니라, 때가 되면 언제든지 성당에 가서 성사 생활을 할 수 있게 되었습니다. 천주님, 오, 아버지 하느님, 감사합니다.

그래서 1898년 명동대성당을 축성하던 당시 조선 제8대 교구장 뮈텔(Gustave-Charles-Marie Mutel, 민덕효, 1854~1933) 주교는 자신의 보고서에 이렇게 기록해놓았습니다.

이젠 지방 순회를 마치고 서울로 돌아와서, 다시는 길을 잃을 위험이 없어졌습니다. 지평선 사방을 멀리 굽어보는 우리 성당의 종탑이 우리에게 확실한 안내자의 구실을 하기 때문입니다. 이 대성당의 장엄한 축성식은 5월 29일 성령강림대축일에 거행되었습니다. 선교사들과 조선인 신부들의 피정이 이때까지 연기되었다 실시되었기 때문에, 한 사람을 제외하고는 모두 이 축성식에 참석할 수 있었습니다.

뮈텔 주교님의 보고서를 통해서 언덕마루에 지어진 명동대성당의 모습은 서울, 아니 당시 조선 사방 천지에서 길 잃고 방황하는 수많은 사람에게 하느님께로 향하는 안내자의 역할, 길잡이 역할을 했던 것입니다. 서울 어디에서 봐도 멀리 바라보이는 명동대성당의 모습은 천주교 신자들에게 감동 그 자체였습니다. 그런데 그 보고서 안에 명동대성당의 종탑과 관련하여 매우 흥미로운 기사가 실려 있습니다.

명동대성당 축성식은 아침 일찍부터 시작되어 종(鐘)의 축성으로 이루어졌습니다. 그럴 것이 우리의 종은 그 나름대로 내력을 가지고 있었기 때문입니다. 우리의 재정 형편이 성당 건물의 공사를 종탑까지 마치면서 바닥이 났으므로, 우리는 오랫동안 빈 종탑을 보아야 했습니다. 그런데 봄에 뜻하지 않은 일처럼 종 한 개가 생긴 것입니다. 그 종을 기다리지 않고 있던 것은 본인 혼자만이었다는 것도 그때서야 알았습니다. 작년에 서로 뜻이 맞게 된 우리 선교사들이 자기들의 용돈에서 모든 금액을 갹출하여, 주교를 뜻하지 않은 선물로 놀래주려고 하였던 것입니다. 그러므로 이 종은 훌륭한 사랑의 징표이며, 천주님께서도 이 종이 항상 우리 가운데에 이 감동적인 의미를 간직하게 할 것을 원하고 계신 것입니다.

그렇습니다. 명동대성당에서 매일 삼종 때에 맞춰 울리는 종소리는 이렇게 아름다운 선교사들의 사랑 어린 마음이 모여서 이루어진 것임을 뮈텔 주교님의 문서를 통해서 확인할 수 있습니다. 1898년에, 어떻게 해서든지 명동대성당을 지음으로써 세상 모든 사람에게 조선에 천주교 신앙에 대한 자유가 왔음을 알리고 싶었던 뮈텔 주교의 마음과 어려운 재정 형편으로 인해 지어 놓은 종탑에 종을 달지 못하는 안타까운 상황이 발생한 것입니다.

그 마음을 알고 있던 선교사들은 교구장에게 깜짝 놀랄 선물을 드리고자 주교님 몰래 용돈 등을 모아서 명동대성당에 가장 잘 어울리는 종을 구입한 것입니다. 이러한 사실을 통해 우리가 듣는 명동대성당의 종소리는 그냥 종소리가 아님을 깨닫게 됩니다. 명동

명동대성당의 종. 프랑스 선교사들이 용돈을 모아 모국으로 주문했던 종으로, 1898년 5월 29일 뮈텔 주교는 대성당 축성식 아침에 이 종을 축성하였다.

대성당의 종소리는 마치 종교의 자유가 왔음을 기뻐하는 듯, 그리고 이 땅의 신앙을 지켜낸 수많은 순교자가 천상에서 한국 교회를 위해 기도하고 있음을 알려주는 듯, 그렇게 명동대성당의 종소리는 희망과 기쁨과 사랑을 전하는 행복의 소리였던 것입니다.

그리고 명동대성당을 생각하면 반드시 잊지 말아야 할 사실이 있습니다. 1887년에 교회가 명동대성당을 지을 자리를 구입했을 때, 평신도들이 땀과 눈물을 흘리며 혼신의 힘을 다해 정지(整地) 작업을 했다는 사실입니다. 1888년 블랑 주교님이 쓴 보고서에 그런 사실이 잘 나타나 있습니다.

> 우리가 정지(整地) 작업을 시작했을 때 우리 교우들이 취한 행동 방식에 우리가 얼마나 기쁨을 느꼈는지 모릅니다. 서울과 근방의 모든 건강한 남 교우는 사흘씩 무보수로 일하러 왔는데, 그것도 12월과 1월의 큰 추위를 무릅쓰고 그렇게 했습니다. 늙은이 젊은이 할 것 없이 이 일에 놀랄 만한 열성을 쏟았고, 그들의 신앙과 만족감에서 추위로 언 손을 녹일 만한 무엇을 찾아

내는 것이었습니다. 여자들과 직접 일할 수 없는 남자들은 그들 대신 일할 일꾼들을 사서 보냈습니다. 가련한 교우들, 그들은 그렇게도 오래 전부터 갈망하던 이 대성당을 짓는 데 이바지하는 것을 얼마나 기뻐했는지요! 이 운동은 적게나 많게나 전국 팔도에 퍼져서 각자가 소액의 찬조금을 보내왔습니다. 별로 대수롭지 않은 액수인 것은 사실이지만, 우리 하느님의 마음을 기쁘게 해드렸을 것은 틀림없습니다.

1886년에 조선과 프랑스가 수호조약을 맺었지만, 1888년도 거제도에는 복자 윤봉문(요셉, 1852~1888) 등이 체포되어 박해 당국자 앞에서 순교를 당했습니다. 이러한 사실을 생각한다면, 1887년 늦가을과 겨울 상황은, 한마디로 천주교에 대한 조선 조정의 종교 박해와 탄압이 아직 끝나지 않은 때였습니다. 여차하면 또 누가 언제 관아로 끌려가 심문을 받을지 모를 상황이 벌어질지 몰랐기 때문에 마치 앞이 보이지 않는 안갯길을 가는 것처럼 신자들은 두려움과 불안함 속에 마음 졸이며 살아야만 했습니다.

그런 상황에서도 명동대성당이 들어설 자리에 정지 작업을 한다는 사실을 알게 된 신자들은 그해 12월과 1월 사이에 작업을 하러 온 것입니다. 때로는 사흘씩 무보수로 일하러 온 남자 신자들, 그리고 늙은이나 젊은이 할 것 없이 모두가 이 작업에 열정을 쏟았고, 그와 함께 조선 팔도에서 찬조금을 보내 명동대성당 정지 작업에 동참한 평신도의 삶과 신앙이 뒷받침됨으로써 명동대성당이라는 역사를 만들어냈던 것입니다.

우리는 오늘을 살면서 과거 신앙의 선조들이 말 없이 이룬 놀라운 일들에 대해 많은 부분을 잊어버리고 살고 있습니다. 그리고 때로는 당연한 것으로 생각하기도 합니다. 하지만 조금만 더 관심을 가지면 명동대성당의 종은 당시 어려운 형편의 선교사들이 용돈을 모아 샀다는 사실, 그리고 명동대성당 정지 작업에 당시 평신도들이 자발적·헌신적으로 노력 봉사를 했던 사실을 알 수 있습니다. 사실 누가 말해주지 않으면 모를 일입니다. 우리는 그런 사실이야 그냥 몰라도 되는 일인 줄 알았습니다.

하지만 이제 명동대성당의 종소리를 들을 때마다

선교사들이 보여준 영적인 우애, 명동대성당 땅을 밟을 때마다 평신도들의 땀과 눈물을 생각한다면, 명동대성당은 관광지여서 유명한 것이 아니라 우리가 더 아끼고 사랑해야 할 거룩한 신앙의 상징이 되는 것입니다. 가슴 벅차고, 마음으로 감동이 밀려오는 바로 그런 곳입니다.

영혼의 옷 한 벌

얼마 전에 한국사 교수님들을 모시고 교우촌 답사를 간 적이 있습니다. 어느 지역에 형성된 교우촌의 생성 배경과 이동 경로, 그곳 공소회장의 역할, 그리고 공소의 성장 과정에 대한 연구를 위한 답사였습니다. 특히 그 교우촌 출신 신부님이 동행해주셔서 더 풍성하고 다양한 정보를 확인할 수 있었습니다.

모두 여섯 명이 승합차로 움직였는데, 차량 정체가 심한 주말이었지만 버스 전용 차선을 달릴 수 있었습니다. 틈틈이 휴게소에서 쉬면서 간식을 나누었고, 답사의 묘미인 맛난 저녁도 먹을 수 있었습니다. 그리고 시골 한옥집에서 새벽 1시까지 머리를 맞대고 답사 경로에 대한 확인과 토론을 했습니다. 답사를 다녀온 지 며칠이 지났는데, 돌이켜보면 앞으로 좋은 추억으로 남겠다는 생각이 듭니다.

답사 마지막 날, 모든 일정을 마치고 서울로 다시 올라가기 전에 한산 모시 전시관에 들러 잠시 휴식 시간을 가졌습니다. 그때 일행 중에 어떤 교수님이 교우촌 출신 신부님과 저에게 한산 모시옷을 선물해주고 싶다고 말씀하셨습니다. 순간, 저는 "우와! 모시옷이라 여름에 정말 시원하겠다" 했습니다. 그러면서 내심으로 '정말 모시옷을 선물해주시면 못 이기는 척하고 기쁜 마음으로 받아야지' 하고 생각했습니다.

우리는 차를 마시는 곳에 앉아서 한산 모시 떡 몇 개를 사서 간식으로 먹으며, 차도 한 잔씩 마셨습니다. 그때 교우촌 출신 신부님이 먼저 말을 꺼냈습니다.

교수님, '모시옷'을 선물하신다고 했는데, 마음만 감사하게 잘 받을게요. 사실 모시옷에 대해서는 제가 잘 알잖아요, 여기 출신이라. 무덥고 습한 우리나라의 여름 날씨에 한산 모시옷은 좋기는 합니다. 하지만 그 옷은 관리하기 무척이나 어려워서 보통 사람은 못 입어요, 하하.

저는 그 신부님의 말씀을 듣고, '보기에는 좋아 보이지만 관리가 힘들다면 게으른 사람은 입을 수 없겠구나' 하는 생각이 들었습니다. 그리고 신부님은 말했습니다.

저도 어릴 때 모시옷 입은 적이 있는데, 언제 입었냐면 공소에서 본당으로 대축일 미사 드리러 갈 때 입었어요. 어릴 때 우리 공소에서 본당으로 대축일 미사를 드리러 갈 때면 공소 식구들 모두는 마음이 들떠 있었어요. 대축일은 공소의 중요한 축제였거든요. 저는 어린 시절, 읍내에 나갈 일이 거의 없었기에 대축일이 되면 본당이 있는 읍내를 구경 갈 생각에 좋아했어요.

구교우촌 공소 출신인 신부님의 이야기를 들으면서, 과거 우리 신앙 선조들이 부활, 성모승천, 성탄 등 대축일을 맞아 정성스레 행사를 준비하던 모습이 눈앞에 어른거렸습니다. 그리고 그날 신부님은 교우촌의 신앙 전통에 대한 여러 가지 이야기를 들려주었습니다. 특히 공소에서는 대축일이 다가오면, 신자들 집집마다 가장 좋은 옷을 꺼내어 입고, 대축일 전날에 공소에 다 같이 모여 공소회장님과 함께 본당이 있는 읍내로 갔답니다. 그 공소에는 신자가 150명 정도 있었고, 모두가 다 하얀색 모시옷을 곱게 차려입고 마을 논두렁과 밭두렁을 걸어갔는데, 그 모습은 아주 장관이었답니다.

신부님의 이야기를 들으면서 문득 베네딕토회 노르베르트 베버 아빠스(Norbert Weber OSB, 1870~1956)님이 쓴 『고요한 아침의 나라』(분도출판사)의 한 대목이 생각이 났습니다.

하우현성당을 방문한 베버 신부 일행과 성당 신자들(1911.03, 독일 상트 오틸리엔수도원 아카이브)

그 책은 1911년 당시의 조선 천주교회의 모습을 엿볼 수 있습니다. 그 책에서 베버 신부님은 하우현성당을 방문했을 때 맞이한 상황을 기록해놓았는데, 그 중에 이런 대목이 나옵니다.

골짜기를 거슬러 짧은 산책을 했다. 산등성이에서 시냇물이 흘러내렸다. 짙푸른 저녁 그림자가 서쪽 산 벽을 타고 내려오는가 싶더니 어느새 동쪽 언덕을 서둘러 기어오르고 있었다. 우리는 마을로 돌아왔다. 한 무리의 아낙과 소녀가 시냇가에 쪼그리고 앉아 주일인 내일 쓴 면포를 서둘러 빨고 있었다. 옆집에서는 여인 둘이 마주보고 앉아 마른빨래를 부지런히 다듬이질한다.

당시 신자들이 주일을 정성스럽게 지내고자 제대포와 미사보를 빨고, 다리고, 다듬는 모습은 오늘을 사는 우리에게 주일을 지내는 마음가짐이 어떠해야 하는지 묵상하게 합니다. 계속해서 교우촌 출신 신부님은 대축일 때가 되면 본당으로 미사 참석하러 가던 모습을 들려주었습니다.

그런데 그 시절, 어린아이 걸음에 본당이 얼마나 멀었던지! 그렇게 걸어서 본당에 도착하면 본당 신부님께서 각 공소별로 그날 저녁에 묵을 숙소를 정해주셨어요. 그러면 그때 우리가 쌀을 가져갔기에 반찬은 우리를 숙식시켜 주는 집에서 해주고 그랬어요. 정말이지 모두가 하느님 안에서 하나가 되는 시간이었어요. 가난하고 어렵던 그 시절, 그래도 마음은 넉넉하고 행복했었지요. 때로는 공소 신자들이 너무 많이 오면 신부님께서는 사제관까지 내어주어 우리 모두를 재워주고 그러셨어요. 본당 신부님의 집무실뿐 아니라 주무시는 사제관까지 개방해놓았기에 신부님 침실에도 가서 새우잠을 자고 그랬지요. 그 당시 본당 신부님은 신자들을 위해 아낌없이 모든 것을 내어주셨답니다. 요즘 본당에서 그러기는 어려울 거예요.

대축일 날 공소에서 본당에 미사를 드리러 가는 장면을 생각하면서, 주일이 되어 본당으로 미사를 드리러 가는 공소 신자들의 모습은 『고요한 아침의 나라』에도 기록되어 있습니다. 그 책에는 이런 대목이 나옵니다.

교중 미사는 9시 30분이다. 나는 신선한 아침 공기를 마시며 어제 살짝 맛본 작은 언덕을 다시 거닐었다. 길은 산등성이 아래까지 서서히 높아지다가 급격히 위쪽으로 굽이쳤다. 한 무리의 신자들이 벌써 내려오고 있었다. 사내아이들은 남자들과 어울리고, 계집아이들은 여인들 틈에 섞였다. 주일 아침이다. 아이들의 순백과 꽃봉오리색 옷이 상큼한 봄 인사로 아직 잠든 자연에게 기쁜 생명을 선사한다. … 외교인들의 마음을 사로잡은 것은 아마 저 가난마저 빛나게 한 이곳의 고요한 평화일 것이다. 그것이 진정한 행복의 유혹이었다. 신자들은 모두 산등성이 뒤로 사라졌다. 나도 다시 산에 올랐다가 경당을 향해 서둘러 돌투성이 길을 내려왔다.

하느님 안에서 주일을 거룩하게 지내고자 먼 산길

을 마다하고 성당을 찾아서 걸어가는 당시 신자들의 모습은 하느님 보시기에 가장 아름다운 장면이 아닐까 생각해봅니다. 긴긴 박해의 고통을 이겨내고, 비록 남은 것은 오래된 가난뿐인 당시 천주교 신자들의 삶! 그럼에도 불구하고 하느님 안에서 주일을 거룩하게 지내려는 신자들의 아름다운 마음과 신앙 전통은 그 당시 신자들이 하루하루를 살아갈 수 있는 영적인 힘이었던 것입니다.

교우촌 출신 신부님은 대축일 미사를 마치고 다시 공소가 있는 마을로 돌아오는 모습을 들려주었는데 들을수록 감동이었습니다. 특히 본당에서 미사가 끝나면 본당 신부님은 한 사람 한 사람의 손을 잡고 따뜻한 작별 인사를 해주었고, 본당 신자들은 공소 식구들이 보이지 않을 때까지 손을 흔들어주었답니다. 그렇게 대축일 미사를 마치고 돌아오는 길에 공소 신자들의 표정은 이 세상에서 가장 행복한 축제를 보낸 사람마냥 즐거웠답니다. 또한 신자들 한 분 한 분의 얼굴에는 웃음꽃이 활짝 피었답니다.

답사 일정을 모두 마치고 그날 저녁, 숙소로 돌아

온 저는 조용히 눈을 감고 교우촌 출신 신부님 말씀을 되새기며 상상해보았습니다. 한 장면 한 장면 가슴이 뭉클해졌습니다. 비록 구교우촌이나 공소 생활을 하지는 않았지만, 그 옛날 교우촌이나 공소에서 생활했던 경험을 가지고 있는 분들의 살아 있는 신앙 이야기는 그 자체로 큰 감동이라는 사실을 깨닫게 되었습니다.

옛날이야기라고 하기에는 40~50년 전 이야기입니다. 공소 신자들이 한 시간 남짓한 대축일 미사에 참석하려고 1박 2일을 걸어서 본당에 가던 전통은 참으로 소중하지 않을 수 없습니다. 그렇게 걸어서 본당을 갔다 오는 신앙의 전통 안에서 동료 신자들끼리 서로 마음을 헤아리고 사랑도 나누며 걸었을 것입니다. 어쩌면 그것이 오늘날 우리 신앙인들이 걸어야 할 삶의 여정이며, 궁극적으로 우리 생애 마지막 날, 천상으로 난 길로 들어가기 위한 지상에서 걷는 마지막 예행연습이 아닐까 합니다.

교우촌 출신 신부님의 어린 시절, 잊을 수 없는 대축일 이야기를 회상하면서 그 이야기 속에는 얼마 전까지 이어져 내려오던 소중한 신앙의 전통이 있음을 확인할 수 있었습니다. 결국 그날, 한산 모시옷은 얻어 입지 못했지만 신앙 선조들의 물려주신 신앙의 전통이 어떻게 이어져 왔는지 확인할 수 있었습니다. 마치 제 마음에 행복한 영혼의 옷을 한 벌 입은 느낌이 들었습니다.

제2부
사랑의 길을 걷다

밀알 하나 같은
평등의 씨앗

한국 교회사와 관련한 글쓰기 작업을 하려고 사료를 찾을 때미다 신앙 선조들은 당신들의 이야기를 저와 독자에게 들려주시려고, '등불'을 환하게 밝히고 활짝 웃으며 기다리고 있는 듯하였습니다. 그리고 하느님을 향한 마음과 이웃에 대한 사랑의 삶을 보여준 신앙 선조들의 이야기를 접할 때마다 그 당시 상황뿐 아니라 오늘을 살아가는 우리에게도 어떻게 살아야 할지 방향이 되어주었습니다.

    신앙 선조를 떠올리며 조선 후기사회와 가톨릭 신앙공동체를 생각해봅니다. 가톨릭 신앙이 전래되던 그 시작부터 교회의 가르침은 급속도로 전파되었는데, 그 이유는 교회의 가르침 속에 새로운 인간관과 사회관이 생생하게 들어 있었기 때문입니다. 그래서 새로운 세상과 하느님 나라에 대한 분명한 확신을 가지고 있었던 신앙 선조들은 교리 공부를 머리가 아니라 가슴으로, 보다 철저한 신앙인이 되기 위한 마음공부, 수양 공부로 삼았습니다. 이는 순교 이야기를 통해서도 알 수 있습니다.

그와 함께 신앙 선조들은 "하느님의 피조물인 모든 사람은 하느님의 모상(模像)으로 창조되었다"는 것을 알고 '하느님 앞에서 모두가 평등하다'는 사실을 깨달았습니다. 그래서 어떤 순교자는 가톨릭교회의 가르침은 "크게 평등한 것으로서 여기에는 대인도 소인도 양반도 상놈도 없다"고 고백했고, 또 다른 순교자는 신앙공동체에 대해 "여기에 한 번 들어오면 양반과 상놈의 차이는 아무런 소용이 없게 되는 것"이라고 말했습니다.

또한 신앙 선조들은 교회 가르침을 통해 남녀가 평등하다는 사실과 함께 '강요적인 혼인의 틀'에서 벗어나 자신의 삶을 스스로 선택할 수 있다는 것을 알았습니다. 더 나아가 결혼을 뛰어넘어 '동정과 순결을 지키며 살아가는 삶'까지도 깨닫게 되어 그런 삶을 실천한 분도 있었습니다. 이러한 배경과 함께 순교를 앞둔 신앙 선조들 중에 밀알 하나와 같은 평등의 씨앗의 남기고 순교의 길을 걸어간 모습을 나누고자 합니다.

개갑장터 순교성지는 최여겸 마티아가 순교한 곳입니다.

지금 제가 살고 있는 '개갑장터 순교성지'는 1763년에 태어나서 1801년에 순교한 복자 최여겸의 참수 장소입니다. 최여겸은 2014년 8월 16일, 광화문 광장에서 프란치스코(1936~2025, 재위 2013~2025) 교황님께서 복자로 시복한 분인데, 그분에 대한 공식적인 기록이 『조선왕조실록』 1801년 5월 16일자에 나옵니다. 이 기록은 전라감사 김달순의 보고서인데, 그 내용은 "죄인 한정흠·최여겸·유항검의 종 천규는 죽는 것을 두려워하지 않고, 계획적으로 교(敎)를 넓혔으니 사형에 처해야 한다"는 것입니다.

그리고 『조선왕조실록』 1801년 7월 13일 기록에는 최여겸이 순교하기 6일 전, 형조에서 임금에게 올린 보고서가 있습니다. 그 내용은 다음과 같습니다.

> 호남의 한정흠·최여겸·노복 천애 등은 독실하게 믿고, 십계명은 버리기 곤란하다 하고, 한 번 죽음을 달갑게 받는다고 말하고 있으니, 이에 그들이 태어나고 자란 곳으로 압송하여 법대로 사형에 처해주소서.

여기서 우리는 한정흠(스타니슬라오, 1756~1801), 최여겸, 김천애(안드레아, 1760~1801)의 이름이 계속 함께 나오는 것을 볼 수 있습니다. 그 이유가 무엇일까요?

조선시대 백성의 목숨은 임금의 것이라고 해도 과언이 아니었습니다. 그리고 임금이 사형 판결을 내릴 때까지 백성들은 비록 '죽을죄'를 지었다하더라도 세 번의 상급 재판을 받을 기회가 주어졌습니다. 이것을 '상복(詳復) 제도'라고 합니다. 그래서 전라도의 경우 죄인이 체포되면 각 지역 '현'이나 '군'이 있던 관아에서 '현감'이나 '현령' 혹은 '군수'에게 재판을 받습니다. 그다음 상급기관으로 전라관찰사가 있는 '전주감영'에 가서 재판을 받은 후, 그다음 상급기관으로 한양으로 가서 의금부 혹은 형조에서 재판을 받았습니다. 그래서 김제 출신 '한정흠', 무장 출신 '최여겸', 전주 출신 '김천애'는 각각 자기가 살던 '현'과 '전주부'에서 재판을 받은 후 마지막으로 한양으로 올라가 형조에서 재판을 받을 때 서로 만났던 것입니다.

형조나 의금부에서 세 번째 심판을 받을 때 죄수의 문초 기록을 임금에게 보고하면, 임금은 죄수에 대한 사형집행 여부를 심사·확정합니다. 여기서 사형 판결에 대한 임금의 재가가 떨어지면, 죄인의 사형집행을 언제 어디서 어떻게 하는지를 따졌습니다. 만약 죄인이 국법을 거스른 경우에는 군사 형장이었던 '새남터'에서 '군문효수'형에 처했고, 그 외에는 '서소문'이나 '군기시' 등에서 '참수'했습니다. 그런데 어떤 이들은 태어나 자란 거주지에 가서 사형을 집행하는 해읍정법(該邑正法)을 적용하기도 하였는데, 이는 백성에게 경각심을 주려는 것이었습니다.

그래서 '해읍정법'을 받은 한정흠, 최여겸, 김천애는 한양 형조에서 전라도로 이송한 후 한정흠은 김제로, 최여겸은 무장으로, 김천애는 전주로 갔습니다. 그런 다음 관아에 도착한 순서에 따라 1801년 8월 26일에 한정흠, 8월 27일에 최여겸과 김천애가 참수되었습니다. 이렇게 세 분이 형조에서부터 만나 서울에서부터 전라도까지 순교의 길을 걸었습니다. 그런데 세 분은 함께 있는 동안 진정 형제애를 나누었다고 하는데, 세 분의 신분을 살펴보면 그게 쉬운 모습은 아니었습니다. 왜냐하면 한정흠은 양반이었고, 최여겸은 양인이었으며, 김천애는 유항검의 노비였기 때문입니다.

이렇게 서로 다른 신분, 즉 양반, 양인, 노비였던 이들이 형조에서 만나 형제애를 나눌 수 있었던 것은 신앙 때문에 가능했습니다. 그리고 세 분은 서로 다른 신분이었지만, 그 신분을 벗어나 서로를 형제애로 끌어안음으로써 큰 위안을 주고받았던 것입니다. 그러한 위로는 죽음에 대한 두려움까지 이겨낼 수 있었습니다. 그리하여 해읍정법형을 받은 세 분은 하느님 안에서 형제애를 느끼며 한양 형조에서부터 자신의 고향까지 순교의 길을 마냥 행복한 표정으로 걸어갈 수 있었습니다.

신분을 넘어선 형제애는 죽음의 두려움마저 넘어서게 했다.

묵상해봅니다. 형조에서부터 전주로 내려오던 세 분의 모습! 신분제 조선 사회에서 하느님 안에서 모두가 한 형제라는 것을 몸소 실천하며 순교의 길을 걸어간 세 분의 모습. 어쩌면 이 모습은 조선 사회에 평등의 경종을 울렸을 것이고, 평등의 밀알 한 알이 조선 땅에 심어졌던 것입니다. 그 평등의 밀알이 자라나 지금의 열매를 맺을 수 있었겠지요!

또한 복자 세 분을 이송하던 포졸도, 오랏줄에 묶여 호송되는 이들의 모습을 구경하던 사람들도 신분이 다른 세 사람이 한 형제가 되어가는 모습을 보며 겉으로는 "천주학쟁이"라 욕했을지도 모릅니다. 하지만 그들의 마음속에는 말할 수 없는 그 무언가가 꿈틀댔을 겁니다. 그 순간에도 조선 사람들 마음속에 밀알 한 알과 같은 평등의 씨앗이 뿌려졌을 겁니다. 신앙의 선조들이 평등의 씨를 뿌리며 나누던 열매들을 지금 우리가 잘 간직하며 산다면, 그것 자체가 우리 삶뿐 아니라 이 세상을 밝히는 등불이 되지 않을까 생각해봅니다.

기근이 빌미가 된
1815년 박해와 교우들의 삶

'보릿고개'라는 말을 아세요? 약간 연세가 있는 분들은 아실 테지만, 젊은 세대는 잘 들어보지 못한 말일 겁니다. 보릿고개는 기억 속에는 남아있지만 농업 기술의 발달과 경제성장으로 인해 지금은 잘 사용하지 않는 단어입니다.

  지금이야 먹을 것들이 넘쳐나지만, 과거 농사를 주업으로 삼았던 시절에는 농민들이 추수 때 걷은 식량으로 이듬해 초여름에 보리를 수확할 때까지 먹고 살아야 하는 곤궁한 시기가 있었습니다. 보릿고개는 그렇게 식량이 다 떨어져 굶주림을 견디며 살아야 했던 시기를 일컫습니다. 그래서 이 시기의 농민을 "춘궁민"(春窮民) 혹은 "춘곤민"(春困民)이라고 칭했습니다. 그리고 보리 수확 후 추수 전에도 식량이 떨어지는 경우가 종종 발생했고, 그렇게 먹을거리가 궁핍해진 농민을 "추궁민"(秋窮民) 또는 "추곤민"(秋困民)이라고 불렀습니다.

이처럼 수많은 농민은 해마다 봄, 가을이면 먹고사는 데에 어려움을 겪었고, 그만큼 힘들고 고통스러운 시간을 보냈습니다. 특히 보릿고개를 겪을 때의 굶주림으로 인해 1960년대까지 많은 사람이 '살가죽이 들떠서 붓고, 누렇게 되는 병'에 걸리곤 했습니다. 1972년부터 '통일벼' 보급과 지속적인 벼 품종 개량 사업, 비료와 농약 공급이 확대되면서 한국 사회는 식량의 자급자족을 이룰 수가 있었으며, 그 결과 보릿고개라는 말은 점차 사라지게 되었습니다.

보릿고개라는 말처럼 특정 시기에 굶주림을 겪는 것을 넘어 이상기온이나 자연재해 등으로 인해 농사가 흉년이 되면, 기근(饑饉)이 발생했고, 대부분 사람은 길고 긴 시간 동안 배고픔을 겪어야만 했습니다. 흉년으로 인해 먹을 양식이 모자라 굶주린다는 뜻의 기근이 들면, 사람들은 살아남기 위해서 칡뿌리나 소나무 껍질 등으로 끼니를 때워야만 했습니다. 그리고 문전걸식을 하는 수많은 유랑민이 생겨났으며, 거리에는 굶어 죽은 사람의 시신이 방치되는 경우도 흔했습니다.

기근으로 인한 참상은 오늘날 우리가 흔히 쓰는 말을 통해서도 그 흔적을 엿볼 수 있습니다. 우리가 맛있는 음식을 먹을 때 간혹 "야, 정말 맛있다. 이건 둘이 먹다 하나가 죽어도 모르겠다"고 이야기할 때가 있습니다. 그런데 그 말 속에는 지금 우리가 사용하는 뜻과 정반대의 슬픈 이야기가 담겨 있습니다. 그 내용은 다음과 같습니다.

흉년으로 먹을 것을 찾아 정든 고향을 등지고 유랑하는 젊은 부부가 있었다. 그들은 어느 마을을 지나다가 마침 유민(流民)에게 죽을 쑤어준다는 말을 듣고 허겁지겁 그곳을 찾아가서 가까스로 죽을 얻을 수 있었다. 며칠을 굶었는지조차 모를 정도로 허기에 찬 그들은 죽을 받자 거의 이성을 상실할 정도였다. 그들은 상대방을 돌볼 겨를도 없이 죽을 먹기 시작하였다. 그러나 그렇게 맛있는 죽이 독이 될 줄이야. 빈속에 갑자기 음식이 들어오자, 그 열을 감당하지 못한 남편이 위경련을 일으켜 즉사하고 말았다.

그러나 이 광경을 더욱 비극적으로 연출한 것은 바로 그 옆에서 죽을 먹고 있던 그의 아내였다. 그녀는 남편이 쓰러졌는데도 그저 죽을 자기 입에 넣는 데만 열심이었다. 아니 힐끗 남편이 쓰러지는 것이 보였지만, 그리 중요하지 않았다. 더 중요한 것은 남편이 미처 먹지 못한 죽이었다. 그녀는 재빨리 그 죽 그릇을 자기 옆으로 가져다 놓고는 자기 것을 먹은 다음 다시 그 죽을 먹었다. 남편 죽까지 다 먹고 나서야 그녀는 하늘이 보이기 시작했다. 현실로 돌아왔다. 남편이 죽었다는. 이제 세상에 자기 혼자뿐이라는 사실을 깨달았다. 그제야 그녀는 눈물을 흘리며 '곡'을 하기 시작했다.(이옥, 2001)

이러한 이야기를 접할 때면 과거 기근과 굶주림이 인간의 성품을 파괴했을 뿐 아니라 일상의 삶을 피폐하게 만들었다는 것을 알 수 있습니다. 그렇다면 몇십 년 전뿐 아니라, 조선 후기에 심한 기근이 자주 발생했을 때 천주교 신앙을 실천하며 살았던 선조들은 이를 어떻게 극복하며 살았을까요? 또한 신앙 선조들의 삶이 어떠한 양상으로 박해의 빌미가 되었는지 1814~1815년에 일어난 기근을 통해 살펴보고자 합니다.

1814년, 조선에는 이상기온으로 인해 전국에 흉년이 들었습니다. 그중에 경상도 지역의 상황이 가장 처참했습니다. 왜냐하면 경상도에서는 흉년뿐 아니라 수재(水災)까지 겹쳐 많은 사람이 죽었기 때문입니다. 이는 『순조실록』을 통해 살펴볼 수 있습니다. 우선 『순조실록』 1814년 7월 28일 기사를 보면, 당시 경상감사 이존수(1772~1829)가 '영하'(營下)와 '상주'(尙州) 지역 등 32읍(邑)의 수재 사실을 보고합니다.

이달 7월 16일, 17일에 내린 비로 인해 '영하'와 '상주' 등 32읍의 평지가 무너지고 터지면서 모두 물바다가 되었고, 모래가 덮은 전답(田畓)과 물에 잠기고 쓰러진 각종 곡식은 셀 수도 없었습니다.

그 후 『순조실록』 1814년 8월 2일 기사에도 경상

감사 이존수의 보고 내용이 있습니다.

안동 등 39읍이 큰 홍수가 져 둑이 터지고, 무너진 것이 먼저 번에 보고한 32읍보다도 덜하지 않은바, 도내의 무너지고 떠내려간 민가가 합쳐서 5천 6백 5호이고, 깔리고 빠져 죽은 사람이 94명입니다.

이어 『순조실록』 1814년 9월 6일 기사에도 승지(承旨) 서춘보(1766~1825)가 임금에게 보고한 다음의 내용이 있습니다.

전국적으로 수해를 입은 가운데 우도(右道, 경상도)가 특히 심하여 가을 농사는 다시 희망이 없어서 민정이 더욱 황급합니다. 좌도(左道, 전라도) 중에 조금 덜한 곳은 4, 5개 읍에 불과하고, 그중 혹시 매우 흉년이 든 곳은 우도의 여러 고을보다 못한 곳도 있습니다. 현재 굶주림이 이미 매우 참혹한데, 내년 봄이면 아마도 반드시 다 죽고 말 것 같습니다.

이처럼 1814년 추수를 앞두고, 장마와 홍수로 인해 대부분의 논밭이 물에 잠기고, 민가가 떠내려가거나 인명 피해가 발생하면서 굶주린 백성이 생겨났고, 이듬해 봄이 되면 기근의 여파로 많은 이들이 죽게 될 것이라는 보고 내용은 당시의 절박한 사정을 잘 보여줍니다.

그런데 1814년은 천주교 박해가 일어난 1801년 이후 13년 정도가 지난 시점입니다. 모두가 알다시피 1801년 박해로 수많은 교우가 목숨을 잃었고, 살아남은 사람 중에는 천주교 신앙을 실천하기 위하여 기존의 삶을 내려놓고 산이나 계곡, 강가의 황무지 등으로 숨어들었던 교우들이 있었습니다.

교우들을 박해를 피해 산맥을 따라 이동한 후 깊은 산 속에 정착하였습니다. 전국에서 교우들이 모여들었고, 서서히 교우촌(敎友村)이라고 불리는 신앙 취락을 형성하였습니다. 교우촌은 조선시대의 혈연공동체인 집성촌이나 일반적 주거 집단인 면·리·동(面里洞) 등 일반 속촌(俗村)과는 확연히 구분되는 집단 구조였습니다. 교우촌은 오랜 시간 지속되는 천주교 박해와 맞물려 전국 각지로 퍼져나갔고, 많은 교우가 신앙을 이유로 이주하는 일이 전국적으로 확산되었습니다.

그런 교우촌 중에 1814년 무렵 경상도 지역의 '머루산'에서 화전을 일구면서 가난하게 살아가던 신앙 공동체가 있었습니다. 이곳의 교우들도 하느님의 보호 아래 희생과 사랑을 실천하여 지냈습니다. 신앙을 매개로 상호 결속을 다졌던 교우들은 공동생활을 통해 가진 바를 서로 나누며 두레 공동체의 전통적인 풍습을 살려 새로운 생활공동체를 이루었습니다. 이곳에서 교우들은 '공동생산'과 '공동나눔'의 삶을 유지함으로써 1814~1815년 기근이 발생했을 때도 생계를 이어나갈 수 있었습니다.

1814년의 흉년과 수재로 인해 1815년 초에는 해마다 겪는 보릿고개를 넘어 끔찍한 기근이 발생하였습니다. 이러한 상황은 조선 조정에서도 "1815년 봄이면 (경상도 지역 사람들은) 아마도 반드시 다 죽고 말 것"이라고 예상했고, 그러한 추측대로 수많은 사람이 굶주림으로 목숨을 잃었습니다. 그런데 분명 가난한 삶을 살았지만, 공동생활을 통해 가진 것을 서로 나누며 살았던 교우들의 경우 일반 사람들보다 굶주림으로 죽는 숫자가 훨씬 적었습니다.

이처럼 교우촌에서 서로 의지하며 기근과 굶주림에 맞서 버티고 있던 교우들에게 또 다른 위기가 찾아왔습니다. 즉 1814~1815년의 기근이 빌미가 되어 천주교 신자들의 양식과 물품을 노리려는 목적으로 신자들에 대한 박해가 발생한 것입니다. 이 박해의 배경은 다음과 같습니다.

당시 경상도 지역에 전지수라는 교우가 있었습니다. 전지수는 평소 경상도 지역의 이러저런 산골을 돌아다니며 교우촌에 들어가 교우들에게 돈과 옷, 그리고 양식을 노골적으로 갈취하며 살았습니다. 교우들도 자신들의 형편 또한 곤궁했지만, 교회의 가르침에 따라 애덕을 실천하는 마음으로 전지수에게 필요한 것을 주었습니다. 그러다가 1814년의 흉년으로 인해 1815년에 전국적으로 기근이 닥쳤고, 자연히 산속에서 살았던 신자들의 형편 또한 더욱 어려워졌습니다.

그래서 전지수가 왔을 때 그에게 주는 교우들의 애긍(哀矜) 또한 줄어들 수밖에 없었습니다. 이를 못마

땅하게 여긴 전지수는 가난한 신자들의 재물까지 모조리 갈취하려는 욕심으로 배교를 결심한 후 그 지역을 담당하고 있던 관청을 찾아가서 천주교 신자들이 살고 있는 교우촌의 위치를 밀고하게 됩니다.

1815년, 조선에서는 사제가 없던 관계로 교우촌 신자들은 공소집을 정하여 신앙생활을 영위하였습니다. 신자들은 주일이나 축일이 되면 첨례(瞻禮)를 지키고, 성경을 읽거나 교리 공부를 실행했으며, 묵상과 기

머루산 성지의 십자가의 길 14처 성상(영양성당 자료)

도 등을 통해 하느님 사랑과 이웃 사랑을 실천하고자 노력했습니다. 배교자 전지수는 1815년 부활 대축일에도 산속에 뿔뿔이 흩어져 있는 교우들이 공소집에 모여 대축일 첨례를 지낸다는 사실을 알고 있었습니다. 그래서 그는 포졸들과 함께 공소집에 들이닥쳐 많은 천주교 신자들을 체포할 계획을 세웠습니다.

그리하여 청송의 머루산에 있는 교우촌의 공소집에서 교우들이 부활내축일을 지낼 때 청송 고을 포졸들이 들이닥쳐 교우들을 체포한 후 경주 진영으로 압송하였습니다. 그런 다음 대구 감영으로 끌고 간 것입니다. 당시 포졸들이 교우들을 끌고 가는 상황을 다음과 같이 기록해놓았습니다.

남녀노소 도합 100여 명이 붙잡혔습니다. 이중에서 자기네 고향 옥중에서나 혹은 감영으로 가는 도중에 굶주려 죽은 이들도 있고, 마음이 약하여 배교한 사람들도 있어, 이제는 겨우 13명이 남아있을 뿐입니다.

또 다른 기록에는 다음과 같은 내용이 있습니다.

당시 목격자들의 증언을 들으면, 이 불쌍한 신자들 중 적어도 20명가량은 며칠 동안 천신만고를 하며 길로 끌려다니다가 어떤 이들은 허기가 지거나, 또는 상처가 덧나서 길가에서 죽으니, 끌고 가던 포졸들이 버리고 갔고, 어떤 이들은 주막에 들었다가 돈이 없어 아무 것도 사 먹지 못하여 죽기도 하였다. 또한 많은 신자가 유혹을 이기지 못하여 부끄럽게 배교하였는데, 배교한 자들은 혹은 거저 석방되기도 하고, 혹은 이 도(道), 저 도로 귀양을 가기도 하였다. 그래서 한여름쯤 되어서는 몇몇 증거자밖에는 대구 감옥에 남아있지 않게 되었다.

그리고 감옥에 갇혀 옥살이를 하던 교우들의 경우 박해 당국자로부터 계속적인 고문과 배교를 강요받았습니다. 그러나 교우들은 끝까지 천주교 신앙을 지켰고, 천주님을 위해 목숨을 내어놓을 각오를 하고 순교할 그날을 기다리고 있었습니다.

그러한 마음으로 교우들은 옥살이를 했기에 옥 안에서도 놀라울 정도로 평온하게 신앙생활을 지속할 수 있었다고 합니다. 이에 대해서 다음과 같이 기록이 있습니다.

> 이들은 그렇게 오래 옥살이를 하고 있는 동안 천주교 신자들뿐 아니라, 외교인들에게 까지도 감탄의 대상이 되어 있었다. 의지할 데 없이 옥에 갇혀 있는 그들은 낮에는 거의 모두가 먹고살아 가기 위하여 짚신을 만들며 살았다. 밤이 되면 등불을 켜놓고, 모두 함께 성서를 읽으며 큰 소리로 공동기도를 드렸다. 인간의 법률로 다스림을 받는 이 소위 죄인들의 기쁨과 안심과 화목은 외교인들로서는 이해할 수 없는 아름다운 일이었다. 다투는 일 한 번 없고, 욕설이나 짜증 한마디도 들을 수 없었다.

감옥에 갇힌 교우들은 옥살이를 하는 동안에도 교회의 가르침을 실천했고, 영적인 삶을 살았습니다. 뿐만 아니라 교우들은 감옥에서 원수에 대한 용서와 사랑, 그리고 자비를 실천했습니다. 그 예는 다음과 같습니다.

천주교 신자들을 밀고하며 살던 배교자 전지수는 개인적으로 어떠한 잘못을 저질러 체포되어, 자신이 밀고하여 잡혀 있는 천주교 신자들과 함께 감옥에 갇히게 되었습니다. 그리고 경상감사 역시 전지수 "굶겨서 죽이라"는 명령을 내렸습니다. 그런데 놀라운 일이 벌어집니다. 밀고자 전지수 때문에 옥에 갇힌 천주교 신자들은 자신을 밀고한 그를 전혀 원망하거나 증오하지 않았던 것입니다.

오히려 교우들은 자신들 앞으로 하루 한 끼, 좁쌀밥 한 줌이 나왔을 때 각자가 그것을 조끔씩 떼어 전지수가 먹을 분량을 만들어 나누어주었습니다. 그래서 마침내 밀고자 전지수의 목숨을 건졌습니다. 그뿐만 아니라 교우들은 밀고자 전지수가 석방될 때 알몸으로 옥 밖으로 쫓겨나는 신세가 되자 그의 몸을 가릴 옷을 나누어주었다고 합니다.

1814~1815년 조선에 기근이 닥쳤을 때 교우들은 공동생산과 공동나눔을 통한 공동생활로 위기를 극복하였습니다. 그리고 어리석은 배교자의 재물에 대한 탐욕으로 체포되어 감옥살이를 하는 중에도 교우들은

교회의 가르침을 실천하고자 노력하였습니다. 고문과 배교의 유혹에서도 의연했고, 심지어 자신들을 밀고한 사람까지도 "원수를 사랑하라"는 교회 정신을 아낌없이 실천하였습니다.

그렇습니다. 이 땅의 신앙 선조들은 마지막 순간까지도 하느님께 자신들의 믿음이 굳건히 할 수 있도록 기도했고, 자신의 목숨을 하느님께 내어 드리는 것 자체를 영광스럽게 여겼습니다. 신앙 선조들은 자신들이 하느님을 믿고 있음을 주님의 섭리로 생각했고, 언제나 그에 대한 감사 기도를 드렸으며, 체포되어 감옥 생활을 하는 것조차 하느님 안에서 자신을 단련하는 영적 수련으로 받아들였습니다.

그러므로 우리 각자 예수님이 보여주신 수난의 길을 그대로 따라 걸었던 신앙 선조들의 삶을 묵상하면서, 하느님에 대한 굳은 믿음을 함께 고백하며, 날마다 하느님께 의탁의 삶을 살아야겠습니다. 특히 현실 생활에서 겪는 절망, 좌절, 아픔, 고통, 불안, 두려움 등을 신앙 선조들에게 간구하며, 그분들이 걸었던 순교의 길을 '용서와 사랑과 자비'의 마음으로 걸어가면 좋겠습니다. 그 삶은 우리로 하여금 예수 그리스도의 수난과 부활에 동참하는 것이며, 이 땅에서 천상복락을 꿈꾸는 기쁨이 되도록 이끌어줄 것입니다.

죽음과 맞짱 뜬
최 아우구스티노 회장

오늘날에는 의학 분야가 나날이 발전해서 인간의 평균 수명은 계속 늘어나고 있다고 합니다. 어떤 분은 농담으로 머지않은 미래에는 사고로 죽지 않는 한, 병에 걸리더라도 치료를 잘 받아서 죽고 싶어도 죽을 수 없을 지경에 이를 것이라고 하더군요. 그래서 현대인들은 평소에 건강을 잘 유지하면 100세는 기본이고, 더 오래 살 수 있을 것이라고 합니다.

하지만 불과 한 세기 전만 하더라도 평균 수명이 짧았고, 본의 아니게 '왜 죽는지도 모르게 죽는 경우'가 많았습니다. 이에 대해서는 여러 가지 외적인 요인이 많이 있었겠지만, 그중에 가장 두려웠던 것은 알 수 없는 질병, 특히 전염병으로 목숨을 잃는 것이었습니다. 19세기 말 기록에 의하면, 1887년부터 1889년에 전국을 휩쓴 전염병이 있었는데 바로 콜레라였습니다. 당시 기록에 의하면 남녀노소 할 것 없이 수십만 명이 아침에 멀쩡하다가 오후가 되어서 그만 목숨을 잃었다고 합니다.

당시 우리나라에 콜레라로 대표되는 전염병이 창궐했던 이유에 대해서는 조선의 문호가 개방된 후 입국했던 서양 사람들의 저서를 통해 확인할 수 있습니다. 그들이 남긴 저서들을 살펴보면, 당시 조선의 주택 환경 문제가 무척 심각했다고 합니다. 한마디로 말하면, "불결하고 비위생적"이었다는 표현이 정확한 듯합니다.

당시 우리나라를 묘사했던 내용을 잠깐 살펴보면, 일상적으로 사람들이 다니는 거리에는 생활 하수인 구정물이 길가 도랑으로 흘러가고 있었고, 거기에는 온통 해충들이 우글거렸다고 합니다. 또한 생활 오수가 아무런 정화 기능 없이 땅속으로 스며들어 식수원으로 사용했던 우물이 오염되기 일쑤였습니다. 그러다 보니 해마다 여름철이면 발생하는 콜레라 같은 전염병이 전국적으로 번졌고, 그로 인해 수많은 사람이 질병에 앓아 눕거나 급기야는 집단사망하는 지경까지 이르렀던 것입니다.

천주교 측 기록을 살펴보면, 1887년에 조선 교회를 사목했던 파리외방전교회 선교사 중에 경상도 지역을 선교했던 로베르(Achille Paul Robert, 김보록, 1853~1922) 신부의 보고서가 생생하게 남아있습니다.

불과 2~3개월 동안에 그렇게 많은 사람의 시체를 본 적이 있는지 도저히 인간의 기억으로는 생각할 수 없을 정도입니다. 여러 가정이 전멸되기도 했습니다. 경상도 감사가 첫 번째 희생자 중의 하나였습니다. 감영에서부터 시작해서 가장 비천한 산골 오두막집에 이르기까지 한 명 또는 두 명, 또는 세 명이 이 질병에 걸리지 않은 집이 없습니다. 심지어는 네댓 명의 희생자를 낸 집도 있습니다. 그러다 보니 죽은 이들의 시체를 매장할 일손이 부족할 지경에 이르렀습니다. 그래서 사람들은 죽은 이들의 시체들을 마구 뒤섞어 쓰레기장에 내다 버렸고, 흙으로도 덮어줄 생각조차 할 수 없었습니다. 도처에 그리고 길가에까지 즐비하게 널려 있는 시체들을 개와 새들이 파먹기까지 했습니다. 공기마저도 악취로 오염되어 있었습니다. 본인은 이러한 비극을 생전에 본 적이 없습니다. 이 무시무시한 징벌이 사라진 지 4개월이 지났건만, 아직도 그 참혹한 광경에 몸이 떨립니다. 수일 동안 금지되었던 통행을 풀어주기 위해서는 관장(官長)들이 준엄한 명령 계통이 필요했습니다. 관장들은 전답 등 토지를 가진 모든 주인에게 거기에 버려진 시체들을 빠른 시일 내에 매장시키도록 엄명했습니다.

당시 천주교 신자들은 콜레라를 하느님의 징벌이라고 생각했으며, 일반인들도 하늘이 내리는 무서운 형벌로 여겼다고 합니다. 전염성이 무척 강했던 콜레라로 인해 일반인들은 감히 콜레라에 걸린 사람 곁에 가지를 않았습니다. 심지어 가족 중에 누군가 콜레라에 걸리면 모두가 가난한 처지였기 때문에 전혀 손을 쓸 도리도 없었습니다. 그래서 어차피 콜레라에 걸린 환자는 죽게 될 목숨이라 생각한 나머지 주변에 콜레라 환자들의 시체를 모아놓은 곳에 산 채로 그냥 내다 버리곤 하였습니다.

이러한 지경에 이르자 당시 콜레라를 비롯한 전염병의 문제는 사회적 문제로 대두되었습니다. 하지만 콜레라를 막을 방도를 마련하지 못했기 때문에 이 시기 전염병은 결국 가족 관계를 해체시켰고, 인간관계를 상실하게 만들었으며, 전국적으로는 민심을 흉흉하게 만드는 계기가 되어 도적과 약탈이 발생하기도 했습니다.

이처럼 전염병 문제로 절박한 상황이 벌어지던 와중에 우리 신앙의 선배들 중에는 죽을 각오로 홀로 콜레라와 맞서 싸우며 하느님께서 주신 소중한 생명을 살리고자 노력했던 분이 있었습니다. 사랑을 실천했던 그런 분들의 삶이 일반 사람들에게 하느님의 참된 사랑을 보여주는 계기가 되었고, 결국 많은 이들이 천주교에 입문하게 하는 선교에 중요한 역할을 담당했습니다.

지금은 경상남도 함양군과 거창군 일대인 안의(安義) 지역에 당시 공소 책임을 맡고 있던 최 아우구스티노 회장과 관련된 아름다운 사연이 있습니다. 최 아우구스티노 회장은 안의 지역 공소를 맡아서 신자들의 신앙 교육에 힘썼을 뿐 아니라 평소 열의를 갖고 헌신적으로 환자들을 간호하는 데 전념했습니다. 최 아우구스티노 회장은 약간의 의술을 익히고 있었고, 능숙한 솜씨로 병든 환자들을 정성껏 돌봐주었기 때문에 그의 명성이 주변 일대에 널리 퍼지게 되었습니다.

특히 최 아우구스티노 회장은 전염성이 강한 콜레라에 걸린 환자들까지도 돌봐주었고, 밤낮없이 불려 다니며 환자 치료에 전념을 다하였습니다. 그런데 최 아우구스티노 회장은 콜레라 환자 치료를 위해 몇 가지 약을 썼지만 아무런 효과가 없다는 사실을 깨닫고 신앙의 힘으로 전염병과 맞서고자 했습니다. 그래서 최 아우구스티노 회장이 선택한 방법은 콜레라로 서서히 죽어가는 이들의 고통에 적극적으로 동참하는 것이었습니다.

그래서 최 아우구스티노 회장은 십자가를 손에 들고 콜레라로 죽어가는 환자를 찾아다니기 시작하였습니다. 자신의 할 수 있는 최선의 선택이었던 것입니다. 그는 가족마저 버린 환자를 찾아가서 십자가를 놓고 성인 호칭기도를 열심히 바쳤다고 합니다. 그렇게 최 아우구스티노 회장의 십자가 방문을 받았던 환자 중에서 여러 명이 죽음 위험에서 생명을 건질 수 있었다고 합니다. 그리고 상태가 위중한 사람들은 최 아우구스티노 회장에게 임종 대세를 받고 행복한 모습으로 눈을 감았다고 합니다. 당시 임종 대세자 수가 아홉 명이었다고 하는데, 그들의 장례는 모두 천주교 의식으로 치러졌다고 합니다.

이처럼 최 아우구스티노 회장이 보여준 십자가를 통한 기도와 경건한 마음, 그리고 죽어가는 이들에게 들려준 하느님 은총이 담긴 말들은 콜레라 환자뿐 아니라 주위의 일반인들 마음까지도 커다란 감동을 주었습니다. 최 아우구스티노 회장의 이러한 헌신적인 모습을 직간접적으로 접하게 된 많은 사람이 최 아우구스티노 회장을 직접 찾아가서 즉석에서 천주교에 입문하겠다는 의사를 밝혔다고 합니다. 그렇게 최 아우구스티노 회장의 노력으로 예비신자가 눈에 띌 만큼 늘었는데 그 숫자가 40명을 넘었다고 합니다. 이렇게 입교한 이들에게 최 아우구스티노 회장은 헌신적으로 그리스도교 교리를 가르쳤고, 신자들이 힘든 시기를 굳은 신앙을 가지고 꿋꿋이 살아가는 데 큰 힘이 되었다고 합니다.

예나 지금이나 교회가 가장 필요로 한 사람은 가난하고, 버림받고, 소외되고, 아픈 사람들입니다. 박해가 막 끝난 후 모든 것을 잃고, 새로운 삶을 시작해야 할 상황 속에서도 그리스도교 신자로서 신앙인의 본분을 잃지 않았던 신앙의 선배들은 자신들이 가진 소중한 탈렌트로 하느님을 생동감 있게 증거하며 살았습니다. 특히 죽을병이었던 콜레라에 십자가 하나로 정면으로 맞서 허무하게 죽어가는 사람들에게 하느님 사랑을 전하였습니다. 그리고 그러한 사랑을 실천하는 모습에 감동받은 많은 사람이 하느님의 자녀가 되었습니다. 그 모든 것이 신앙 선조들이 실천하는 신앙인의 모범을 보여주었기 때문에 가능한 일이었습니다.

이러한 모습들을 곰곰이 생각해보면, 오늘날 우리 교회의 역할이나 교회 구성원으로서 우리 각자가 세상 사람들 앞에서 어떻게 살아가야 할지를 알려주는 듯합니다. 그리고 오래오래 살고 싶어서 늘 건강을 염려하며 안달하며 살아가는 지금의 우리 모습과 박해 후 교회 재건의 상황에서 죽음에 맞서서 하느님의 사랑을 전하며 살았던 당시 신앙 선배들의 모습을 생각해보게 됩니다. 그럴 때마다 왠지 마음이 부끄러워 "하느님은 사랑이시다"는 말만 하게 됩니다.

23년 동안 신앙의 자유를 기다린
김 마티아 이야기

일본 나가사키(長崎) 성지순례를 가면 반드시 방문하는 성지와 함께 빼놓지 않고 듣게 되는 이야기가 있습니다. 다름 아닌 '신도 발견' 사건입니다. 일본 천주교회는 예수회 선교사 성 프란치스코 하비에르(S. Franciscus Xaverius, SJ, 1506~1552) 신부님에 의해 신앙이 전파되었지만 수많은 박해가 일어났고, 1614년에는 금교령(禁敎令)이 내려집니다. 이때 서양 선교사들은 추방당하거나 순교했고, 많은 그리스도교 신자들은 산에 들어가거나 섬으로 피신해서 숨어 살았습니다.

그렇게 숨어 살던 천주교 신자들을 가리켜 '가쿠레 기리시탄'(잠복 그리스도인)이라고 불렀습니다. 그들은 일본에서 신앙의 자유와 함께 고대하던 성사 생활을 위해 오랫동안 선교사를 기다리며 살았습니다. 그리고 금교령 이후 250년이 지난 1865년, 잠복 그리스도인들은 마침내 나가사키에 있는 오우라(大浦)성당에서 기적적으로 프티장(Bernard Thaddée Petitjean, 1829~1884) 신부를 만납니다. 그날의 놀랍고도 아름다운 이야기는 지금도 듣는 이의 가슴을 울컥하게 합니다.

그 기적적인 만남이 있은 지 150년이 지난 2015년 일본 천주교회에서 '천주교 신자 발견 150주년 기념식'을 거행하는 것을 보면서 저는 만감이 교차했습

신도발견기념비 속 부조(오우라성당, 나가사키, 일본)

니다. 저는 마음속으로 일본 천주교회를 위해 기도하면서 혼자 이런 생각을 했습니다.

'우리나라에도 신도 발견 이야기가 있는데. 우리도 있는데 ….'

그렇습니다. 우리나라에도 1866년 천주교 박해 이후 신앙의 자유와 고대하던 성사 생활을 위해 오랫동안 선교사를 기다리며 살았던 신자들이 있었습니다. 비록 그 기간이 250년은 되지 않지만 1866년 박해 후 23년 동안 오로지 선교사를 손꼽아 기다리면서 살았던 어느 신자의 눈물겹도록 아름다운 이야기가 있습니다.

김 마티아는 1866년 병인년 박해 때 천주교 신자라는 이유로 고향에 쫓겨납니다. 당시 오가작통법(五家作統法)10)이 시행되고 있었기 때문에 마을 안에 천주교 신자가 발각되면 그 주변 사람들 모두가 의심을 받았

---

10) 조선시대에 다섯 가구를 하나의 통으로 묶어 상호 감시하고 연대 책임을 지게 했던 행정제도. 이 제도는 범죄 은닉을 방지하고 주민들을 통제하는 역할을 하였는데, 특히 천주교 박해시기에 천주교 신자들을 감시하고 처벌하는 데 악용되기도 하였다.

습니다. 그래서 그는 천주교 신자로서 본분을 지키고자 가족들을 데리고 강원도 산골로 들어갔습니다.

거기서 그는 23년 동안 매일 아침기도와 저녁기도를 드렸고, 주일을 거룩히 지내며 살았습니다. 그러한 삶을 살았던 그에게는 죽기 전에 이루고 싶은 간절한 희망이 하나 있었습니다. 그것은 하느님께서 자신에게 죽기 전에 반드시 성사의 은혜를 줄 것이라는 확신이었습니다.

시간은 흘러 23년이 지났습니다. 그렇게 세월이 흐르는 동안 강원도 산골에서 훈장 노릇을 하며 살았던 김 마티아는 천주교 관련 소식은 물론 선교사 입국에 대해서는 전혀 알 길이 없었습니다. 그런데 언제부턴가 조선 땅에 외국 사람들이 들어왔다는 이야기가 산골까지 소문으로 전해지기 시작했습니다. 그 소식을 들은 김 마티아는 가슴이 두근거리는 것과 함께 이런 생각을 떠올렸습니다.

'조선에 외국인들이 들어왔다면 혹시 예전에 천주교 박해 때 순교한 신부님들을 대신해서 새로 선교사들이 들어온 것이 아닐까! 오, 하느님, 오, 주님!'

김 마티아는 그 순간, 자신의 희망이 이루어질 것 같은 생각이 들었습니다. 성사의 은혜를 누리고 싶다는 간절한 희망만큼 '목자들은 길 잃은 양을 반드시 찾아오는 법'이라는 확신 또한 분명해졌습니다.

김 마티아는 당장에 편지를 한 장을 쓴 뒤에 주소를 쓰는 곳에 "신부님께 드리는 편지"라고 적었습니다. 그리고 서당에서 스무 살 먹은 청년 한 명에게 급히 천주교 교리를 가르친 후 서울로 가서 서양 선교사를 찾아 그 편지를 전해주고 돌아올 것을 당부했습니다.

편지를 받은 서당 청년은 서둘러 서울에 가서 우선 서양 사람을 만나기 위해 수소문했습니다. 그리고 이 집 저 집을 찾아 헤매다가 사람들이 알려준 어느 서양인의 집에 도착했습니다. 청년은 스승과의 약속을 지키게 되었다는 기쁜 마음으로 그 집 문을 두드렸습니다. 밖으로 나온 집 주인은 통역사를 통해 퉁명스럽게 물었습니다.

"어찌해서 여기에 온 것이오? 자네 이름은 무엇이며, 어디서 왔는가?"

스승이 말해준 서양 선교사의 모습과는 달리 매우 불친절한데다 사람을 무시하는 태도에 실망하였습니다. 그래도 청년은 스승을 생각하며 "저는 강원도에서 왔고, 이름은 홍성식입니다. 서양인 집에서 서양 공부를 할 생각으로 찾아왔습니다" 하고 대답했습니다. 그리고 스승의 편지를 내밀었는데, 겉봉에 쓴 글을 보고는 청년을 내쫓아버렸습니다. 청년은 낙심하지 않고 다른 집 대문을 두드렸습니다. 그 사람들도 편지 겉봉을 보고는 웃었습니다. 그런데 통역하는 사람이 잠시 무언가를 생각하더니 청년에게 이렇게 말했습니다.

"자네가 찾는 곳은 여기가 아닐세. 진고개에 가 보게. 그러면 아마 자네가 찾는 사람이 있을 걸세."

청년은 진고개에 가면 스승이 말하는 서양 사람을 만날 수 있을 것이라는 희망을 가지고 그 집에서 나왔습니다. 그리고 근처에 지나가는 어떤 사람에게 진고개 가는 길을 물었는데, 놀랍게도 그 사람이 바로 천주교 교우였습니다. 그 교우는 청년에게 매우 친절한 태도로 "날 따라오게. 내가 자네를 인도해줌세. 나도 그쪽으로 가는 길이거든" 하고 말했습니다.

그래서 두 사람은 함께 길을 갔고, 15분쯤 걸어가서 그 교우는 청년에게 파리외방전교회 경리 신부님이 있는 곳을 안내해주었습니다. 청년은 감사의 인사를 드린 뒤 사제관의 문을 두드렸습니다. 청년을 맞이한 프와넬 신부(Victor Louis Poisnel, 1855~1925) 신부는 편지를 읽은 뒤에 블랑 주교님께 인도했습니다. 역시 편지를 읽은 주교님은 편지를 가지고 온 청년이 겪은 고생과 어려움을 크게 위로해주었습니다. 그리고 청년은 이내 스승이 바라는 서양 선교사를 만났다는 소식을 전해주기 위해 서둘러 강원도 산골로 돌아갔습니다.

블랑 주교님은 당시 강원도 선교 담당을 맡았던 드게트(Victor Marie Deguette, 1848~1889) 신부에게 이 사실을 알려주었습니다. 그러자 드게트 신부는 20일 후 강원도 산골을 찾아가 김 마티아와 그 청년을 만나는 실로 감동적인 장면을 연출하였습니다. 그날 김 마티아와 만남을 드게트 신부는 이렇게 기록하였습니다.

김 마티아는 60세였고, 온화하고 겸손하며 말수가 적은 교우였답니다. 그는 신부를 보자마자 아무런 말 없이 기쁨의 눈물만 북받쳐 흘렸습니다. 김 마티아는 모든 것을 버리고 산속에서 23년을 사는 동안 오로지 성사의 은총만 청하며 살았는데, 그 희망이 이루어진 것 때문에 눈물만 흘렸습니다. 그리고 그는 과거 동료 신자들과 함께 신앙생활을 하던 흐뭇한 추억을 떠올리며 눈물만 그렇게 흘렸던 것입니다.

김 마티아는 드게트 신부의 손을 잡고 하염없이 눈물만 흘렸습니다. 그리고 그는 23년 동안 갈망하던 성사를 받았고, 그 이튿날에도 멈추지 않는 눈물로 드게트 신부와 작별 인사를 했습니다. 헤어지기 전 김 마티아는 작별인사를 하면서 이렇게 말했습니다.

신부님, 이제는 아무런 소원도 없습니다. 마지막 소원이라면 선생복종(善生福終)[11]을 위해 마지막 남은 시간을 하느님 대전에 들어가기 위해 죽음을 잘 준비하고자 합니다. 그래서 지금 살고 있는 동네를 떠나 교우촌에 가서 자리 잡을 계획입니다.

그러자 드게트 신부는 이렇게 말렸습니다.

김 마티아 형제님. 그렇게 하지 마시고 오히려 지금 사는 동네에서 제자들과 동네 사람들에게 교리를 가르치면 더 좋겠습니다. 그리고 교리를 다 배우게 되면 이 다음 공소 방문 때 와서 그분들에게 세례를 주겠습니다.

이렇게 김 마티아와 드게트 신부는 서로 확답을 하고 헤어졌습니다. 그 후 김 마티아는 자신이 살았던 지역의 선교를 맡아서 큰 결실을 거두었다고 합니다.

박해 때 천주교 신자로서 가족들을 데리고 산속으로 들어가 23년 동안 선교사가 다시 와서 성사의 은혜를 베풀어주기만을 기다리며 살았던 김 마티아. 그렇게 김 마티아는 매일 아침기도와 저녁기도를 바치면

---

11) 착하게 살다가 복되게 삶을 마친다는 뜻으로 줄여서 '선종'이라고 한다.

서 1866년 박해 이후, 이 땅의 천주교 신앙의 맥을 이어주었습니다. 그리고 마침내 선교사를 만나서 목메어 아무런 말도 하지 못하고 오로지 기쁨의 눈물만 흘렸던 김 마티아. 우리 땅에서 일어난 기적과 같은 아름다운 신도의 발견 이야기입니다.

공소회장과 '어른의 삶'

가정 안에서 해결하기 어려운 문제가 발생하거나 또 어떤 공동체나 단체가 균열의 조짐을 보일 때가 있습니다. 그리고 지역 사회나 국가가 위기를 겪을 때도 있습니다. 그럴 때 '좋은 마음을 가진 부모의 사랑'과 '책임자나 단체장이 보여주는 경륜과 지혜', 그리고 '연륜과 덕행을 갖춘 어른의 한 말씀'은 문제 해결에 중요한 실마리가 됩니다.

신앙 안에서도 마찬가지입니다. 프란치스코 교황님이 보여주신 선한 영향력은 전 세계에 큰 파급력을 주었습니다. 지역 교회 발전에 헌신적인 모습을 보여주는 추기경님이나 주교님의 모습, 본당 성직자나 수도자들의 모범적인 삶은 교우들에게 신앙에 대한 자부심을 주고, 기쁜 마음으로 신앙생활을 할 수 있는 힘이 됩니다. 다시 말해서 '공인'의 삶을 사는 이들이 보여주는 솔선수범은 평범한 사람의 마음을 움직이는 열쇠의 역할을 합니다.

그런데 한국 천주교회사에는 성직자나 수도자도 아니고, 그렇다고 공인이라고 부를 만한 특별한 직함을 가진 것도 아니면서 천주교 신앙의 뿌리 역할을 했고, 신앙공동체 성장에 헌신하고 기여했던 분들이 계십니다. 바로 공소회장입니다. 공소회장은 1784년, 신앙공동체가 형성된 이후 천주교 박해를 피해 산과 계곡 등에 교우촌이 형성되었을 때 교우촌 내에서 신앙 행위를 하는 공소의 책임자로 임명된 분들입니다.

당시 공소회장은 공식적으로 공소의 재산을 관리했고, 미사를 대신해서 공소 예식을 주관했으며, 유아 세례나 대세 등을 집행하였습니다. 그리고 공소 신자들과 그 자녀들에게 교리를 가르쳤고, 선교사가 방문할 때에는 춘추판공(春秋判功)을 위해 찰고(察考, 사목자가 교우들의 교리지식을 확인하기 위하여 시행하는 시험)를 준비했습니다. 이뿐만 아니라 공소회장은 가난한 자와 병든 자를 찾아다니며 돌보았고, 결혼 적령기 천주교 신자 남녀를 이어주는 역할을 했으며, 글을 쓰거나 읽지 못하는 이들을 위한 봉사의 역할도 마다하지 않았습니다.

이처럼 공소회장은 공소 식구를 위해 선교사를 보좌했고, 신자들과 선교사들 사이에 중재 역할도 수행하였습니다. 특히 선교사가 없는 지역에서는 공소회장이 합법적인 권한을 가지고 공동체를 위해 봉사했습니다. 그래서 공소 식구들은 공소회장을 '공소의 대표자' 뿐 아니라 '신자와 성직자 간의 중개자', '신품 받지 않고 신부의 직분을 수행하는 자', 즉 '준(準) 성직자', '반(半) 신부', '본당 신부 대리자' 등으로 불렀습니다. 공소회장을 지칭하는 여러 표현을 통해 공소회장의 역할이 공소 식구들을 영적으로 돌보는 일이 주된 업무였음을 알 수 있습니다.

공소회장은 신앙뿐 아니라 삶으로도 모범적인 생활을 하였습니다. 이를 입증이라도 하듯 1891년 선교사 보고서에서는 공소회장에 대한 다음의 사례가 있습니다.

송화에서는 좋은 평판을 누릴 리가 만무한 '금을 찾아 다니는 사람'들이 그들 사이에 싸움과 의견 차이가 있을 때 '이웃 교우촌의 회장'을 중재자로 삼고, 아무도 그의 결정에 이의를 제기하지 않았습니다. 사람들은 교우촌의 회장이 내린 판결에는 정의가 손상될 수 없다고 확신하는 것입니다.

당시 금을 찾아 나선 사람들 사이에서 의견 차이가 벌어졌던 모양입니다. 그런데 재미있는 것은 그들이 분쟁에 대한 중재 역할을 할 사람으로 지역의 공소회장을 찾아갔던 것입니다. 그래서 공소회장이 어떤 결정을 내려주자 아무도 이의를 제기하지 않았다고 합니다. 1894년 선교사 보고서에는 어느 교우촌에 강도가 든 이야기가 나옵니다.

지난해 목방이 마을에 강도들이 들어서 동네 사람들이 공포에 떨었습니다. 강도들은 밥과 담배와 하룻밤 재워줄 것을 요구했습니다. 회장은 그들에게 괴롭힘 당하는 것을 피하기 위해 그들이 달라는 대로 다 주고,

그들을 배불리 먹게 하고 나서, 밤에 『신명초행』에서 한 대목을 읽어주기까지 했습니다. 그러자 강도 중의 하나가 다음과 같은 말했습니다. "주인 양반, 댁에서 읽어주는 것은 아주 훌륭하기는 하오만, 그 도리가 너무 고상해서 우리야 어디 따를 수 있겠소? 도둑질을 더는 못 할 테니 말이오." 이튿날 도둑들은 다시는 오지 않겠다고 약속하면서 떠났는데, 실제로 다시 나타나지 않았습니다.

마을에 강도가 들었고, 하룻밤을 재워줄 것을 요구하자 공소회장은 신자들의 신변을 보호하기 위해 그들의 청을 들어줍니다. 그렇게 숙소를 마련해준 공소회장은 강도들에게 영성 서적인 『신명초행(神命初行)』[12]의 한 대목을 읽어주었습니다. 그러자 공소회장의 모습에 감동을 받은 강도들이 그날 이후로는 마을에 나타나지 않았다고 합니다.

---

[12] 조선 후기 다블뤼 주교가 저술한 천주교 신앙생활의 입문을 위한 천주교 묵상서.

한옥 공소 오른쪽 건물 위로 십자가가 선명하게 보인다.(일제강점기, 독일 상트 오틸리엔수도원 아카이브)

 또 다른 사례로 1880년을 전후로 신앙의 자유를 찾아 수없이 피난을 다녔던 황해도 장연 교우촌 '배마당'의 박내원(프란치스코, 1860~1935) 공소회장의 삶이 있었습니다. 박내원 회장은 1868년 병인박해 때 부친과 함께 체포되어 재산을 약탈당한 뒤 석방된 적이 있었습니다. 1880년에는 뮈텔 신부와 리우빌(Lucien Nicolas Anatole Liouville, 유달영, 1855~1893) 신부를 2개월 동안 자신의 집에서 보호하며 조선어와 우리 풍습을 가르치기도 하였습니다. 화전을 일구면서 옹기를 구워 생계를 이었는데, "일하지 않으려거든 먹지를 말라"는 교회의 가르침을 죽을 때까지 실천하며 지냈습니다. 그의 하루 일과는 기도와 일이 전부였다고 합니다.

경상남도 양산의 안효선(바오로, 1890~1947) 공소 회장의 경우에는 집안이 대를 이어 공소회장직을 맡았다고 합니다. 평소 문병과 장례에는 언제나 발 벗고 나섰으며, 마치 자신의 일처럼 봉사했고, 혼기를 맞은 천주교 신자 청춘남녀를 짝지어 주었으며, 주일에는 공소에서 하느님의 말씀을 전했다고 합니다.

또한 손수 약을 지어 난치병 환자들을 고쳐주는가 하면, 문맹자의 편지를 대독·대필하였고, 불우한 사정이 있는 공소 식구들에게는 봉사와 상담을 아끼지 않았다고 합니다. 그래서 그 지역에서는 마음이 완고하거나 비방을 일삼는 자나 양반집 규수나 천대 받는 백성이나 할 것 없이 그분에게 감화를 받아 영세받는 이들이 많았습니다.

그렇습니다. 과거 한국 교회가 가장 힘들고 어려

울 때 하느님께서는 좋은 공소회장을 많이 보내주셔서 신앙공동체를 사랑으로 이끌었음을 확인해봅니다. 그러다 문득 그 옛날 공소회장님과 같은 좋은 어른이 지금 우리 곁에도 있었으면 좋겠다는 생각이 듭니다. 우리 삶에 등불이 되어줄 그런 어른들 말입니다. 그런 어른이 정말 그리운 세상입니다.

세상에서 가장 아름다운 동작, 성호(聖號)

학창 시절에 친구들하고 교실에서 밥을 먹을 때마다 치러야 했던 아주 쑥스러운 일이 있었습니다. 그것은 다름 아닌 식사 전후로 기도를 바치는 것이었습니다. 그런데 식사 전후 기도문을 외우는 게 힘든 건 아니었습니다. 기도문이야 마음속으로 웅얼웅얼하면 되었으니까요! 정말 힘들었던 것은 밥 먹기 전에 친구들 앞에서 한 손으로 이마와 가슴, 그리고 양쪽 어깨를 찍는 것, 다시 말해 성호를 긋는 것이 그렇게 부끄럽고 어색할 수 없었습니다.

그래서 당시 그 문제에서 벗어나고자 고안해낸 것이 머리를 넘기는 척하면서 오른손 엄지손가락으로 이마에 십자가를 잽싸게 긋는 것이었습니다. 그런데 그것도 성호가 되나 모르겠지만 아무튼 그러한 행동으로 학창 시절 내내 식사 전후 기도를 할 수 있었습니다. 아무도 모르게 하느님만 알고 나만 알면 되니까!

아무튼 지금은 수도자이자 사제로 살면서 당당하게 성호를 긋는 것이 몸에 배어 있으니 문제가 없지만, 어릴 때나 학창 시절에는 성호를 긋는 것이 무척 힘들었습니다. 그런데 요즘 그렇게 식사 전후에 당당하게 성호를 긋고 식사를 하지만, 그것이 진심과 간절함에서 우러나오는 행동은 아닌 것 같습니다. 뭔가 먹기 전에 의당해야 하는 몸짓 정도에 불과하다는 생각입니다. 때로는 신자분들과 함께 식사할 때 제가 성호를 긋고 음식을 먹지 않으면 어떻게 생각할까 의식하면서 부지런히 성호를 긋고 음식을 먹기도 합니다.

『천주교 용어 사전』에 보니 성호란 '십자성호'(十字聖號)의 줄임말이며, 십자를 그으며 성부·성자·성령 즉 천주 성삼위를 부르는 기도라고 합니다. 또한 교회가 전례를 거행할 때나 신자들이 사사로이 기도할 때 성호를 그으며, 이 성호를 통해 그 사람이 그리스도교 신자라는 사실을 드러내는 것이라고 합니다. 그런데 단순한 동작으로서 성호는 천주 성삼위에 대한 신앙과 함께 예수 그리스도가 구세주이심을 고백하는 상징이라고 합니다. 성호는 한 마디로 그리스도교 신앙을 나타내며, 가장 널리 알려진 상징이며, 십자가의 죽음을 통해 인류를 구원하신 예수 그리스도에 대한 신앙과 삼위일체의 신앙을 고백한다고 합니다.

우리 수도회뿐 아니라 다른 수도자와 성직자들은 아침에 눈을 떠서 처음으로 하는 행동이 십자성호이며, 끝기도를 바친 후 하루를 마감하며 잠드는 순간에 "거룩한 죽음을 맞게 해주십시오" 하고 기도한 후 마지막으로 하는 행동이 십자성호입니다. 미사를 시작하거나 성사를 거행할 때, 혹은 신심 행위를 시작할 때마다 처음으로 하는 행동과 마지막으로 하는 행동 역시 십자성호입니다. 우리가 성호를 제대로 그을 때, 바로 그 순간 우리 영혼이 천상을 향해 한 발짝 더 나아가며, 그 한 걸음을 더 정성껏 걷게 되는 것입니다.

1905년 당시, 강원도 지역을 맡아 사목을 했던 파리외방전교회 로베르 신부님은 자신의 보고서에 42년 동안 성사를 받지 못한 어느 한 노인에 관한 이야기를 다음과 같이 남겨놓았습니다.

어느 날 천주교 신자 박 마티아는 청도(淸道) 지방을 여행하던 중 뜻하지 않게 비를 만났습니다. 근방에 주막도 없는 까닭에 비를 피하고자 어느 집에 들어가지 않을 수 없었던 모양입니다.(이 보고서에서 로베르 신부님은 '조선 사람들은 길손에게 대단히 친절합니다'라고 적어놓았습니다.) 박 마티아는 그 집에서 60세가량 된 집주인 노인으로부터 후한 대접을 받았습니다.

박 마티아는 음식을 대접받자 식사를 하기 전에 성호를 크게 그었습니다. 그러자 그 모습을 옆에서 지켜보던 집주인은 깜짝 놀라 물었습니다.

"혹시 천주교 신자십니까?"

박 마티아는 그렇다고 대답했습니다.

"조선 땅에 아직도 천주교가 있습니까?"

박 마티아가 대답했습니다.

"네, 저는 마티아라고 합니다. 그리고 이제 조선 땅에는 교우들이 있을 뿐만 아니라 주교님도 계시고, 신부님들도 몇 분 계십니다. 그리고 큰 성당들도 여러 군데 있습니다."

듣고 있던 집주인은 "그럴 수가?" 하면서 집주인은 하염없는 눈물을 흘리며 울기 시작했습니다. 그리고는 한참 후에 다음과 같은 이야기를 들려주었습니다.

"실은 저도 천주교 신자입니다. 세례명은 베네딕토라 합니다. 저는 벌써 42년 전에 천주교를 버렸습니다. 그리고 지금까지 천주교가 이 땅에서 영원히 사라진 줄 알았답니다. 박 마티아 형제님, 제가 어디서 가톨릭 기도서와 가톨릭 교리서, 그리고 십자고상(十字苦像)을 구할 수 있는지 알려주십시오. 저도 천주교 신자 부모에게서 태어난 태중 교우였으니, 이제 마지막 때에 천주교 신자로 죽고 싶습니다."

이 말을 들은 박 마티아는 당시 천주교 상황에 대해서 노인에게 알려주고, 교리서와 기도서, 그리고 십자고상도 갖다주겠다고 약속했습니다. 그 후 베네딕토 노인은 얼마 지나지 않아 가까운 교우촌과 연락이 닿았으며, 다시금 신앙생활을 시작했습니다. 지난번 본인이 그 교우촌을 방문했을 때 노인을 만나서 성사를 줄 수 있었습니다. 당시 노인은 아주 열성적으로 성사를 받았습니다.

1866년 박해 때 많은 신자가 순교를 하거나 배교를 했고, 살아남은 신자들은 산속이나 골짜기로 찾아들어가서 두려움에 떨어야 했습니다. 그리고 배교를 한 신자들은 스스로에 대한 부끄러움을 안고 천주교 신앙을 멀리하며 살아야 했습니다. 그렇게 신앙을 멀리하며 살아야 했던 이들의 모습을 생각할 수 있습니다. 그런 가운데 박 마티아와 베네딕토 노인의 만남은 많은 것을 묵상하게 합니다.

세상에서 가장 아름다운 동작, 성호

박 마티아와 베네딕토 노인을 이어준 것은 바로 성호였습니다. 눈을 감고 당시의 장면을 떠올려봅니다. 베네딕토 노인이 없는 살림에 음식을 차려왔고, 그 마음을 아는 박 마티아는 음식을 앞에 놓고 진심으로 하느님께 감사한 마음으로 정성스럽게 천천히 성호를 그었을 것입니다. 진정한 마음에서 우러나오는 성호 긋는 모습, 그 순간 세상에서 가장 아름다운 행동이 드러난 것입니다. 세상에서 가장 거룩한 행위가 펼쳐진 것입니다.

그런 아름답고 거룩한 행동을 본 노인의 마음이 환하게 열리면서 하느님의 구원 손길이 베네딕토 노인의 마음 안으로 깃든 것입니다. 그리고 과거 박해 때 죽음이 두려워 배교했던 자신의 모습을 돌아보고, 눈물로 자신의 잘못을 뉘우치게 되었던 것입니다. 그리하여 다시 천주교 신자가 되기로 결심하였던 것입니다.

그런데 만약 박 마티아가 저의 학창 시절처럼 성호 긋기가 부끄럽고 어색해서 머리를 넘기는 척하면서 오른손 엄지손가락으로 이마에 십자가를 잽싸게 긋는 행동을 했으면 어땠을까요? 혹은 상대방이 천주교 신자인지 아닌지 몰라 하느님은 다 아시겠지 하면서 성호도 긋지 않고 마음속으로만 기도를 했으면 또 어땠을까요? 그러면 베네딕토 노인은 죽을 때까지 하느님께 돌아가지 못한 채 살지 않았을까 생각해봅니다.

오늘도 아침에 눈을 떠서, 밤에 눈을 감으면서 성호를 그어봅니다. 그리고 성호를 그으면서 철없고 부족한 제가 그래도 하느님의 사랑 품 안에 살고 있다는 것을 생각해봅니다. 성호를 그으며 저의 죄의 역사보다 더 큰 하느님 사랑을 묵상합니다. 오늘도 성호를 그으며 예수님의 십자가를 쳐다봅니다. 순간 내가 정말 성호를 정성껏 간절한 마음으로 그을 때마다 나도 모르게 천상에 계신 아버지 하느님의 사랑에 이끌려 한 발짝 한 걸음 더 걸어가는 것 같습니다.

20년 동안 하나의 기도만 바치며 신앙을 지킨 과부 예비신자

질문 하나 할까요? 프랑스 파리에서 약 65킬로미터 떨어진 근교입니다. 그리고 1820년대 후반부터 1870년대까지 퐁텐블로 숲과 시골 풍경을 그리기 위해 수많은 화가가 모여들었던 장소입니다. 그 작은 마을의 이름은 무엇일까요? 정답은 바르비종(Barbizon)입니다.

그렇다면 또 다른 질문입니다. 바르비종에서 작품 활동을 했던 화가 중 한 사람으로 '만종'을 그린 화가는 누구일까요? 네, 그렇습니다. 너무 쉽죠! 장 프랑소와 밀레(Jean-François Millet, 1814~1875)입니다. 밀레의 그림 '만종'은 밀레의 어린 시절의 추억이 담겨 있습니다. 밀레는 1865년에 '만종'에 대해서 이렇게 말했습니다.

이 그림은 예전에 열심한 가톨릭 신자였던 나의 할머니가 들에서 일하다가도 종이 울리면 일을 멈추고, 죽은 가엾은 이들을 위해서 기도드리는 것을 잊지 않았던 그 모습을 생각하면서 그린 그림입니다.

종을 울리며 기도를 바치는 그리스도교 전통의 기도 양식인 삼종기도! 그렇다면 밀레가 그린 '만종'은 바로 가톨릭의 기도 전통인 삼종기도를 모티브로 그린 것입니다.

우리가 알고 있는 삼종기도(三鐘祈禱, Angelus)란 그리스도교 전승 중에서 대천사 가브리엘이 성모 마리아에게 나타나 예수 그리스도의 잉태를 예고한 사건을 기념하며 바치는 가톨릭교회의 전통적인 기도입니다. 삼종은 종을 세 번 친다는 뜻으로, 아침·점심·저녁 시간에 성당에서 종을 칠 때 바치는 기도에서 유래합니다. 그런데 삼종기도는 처음에는 만종(晚鐘)이라 해서 저녁에만 바쳤다고 합니다.

만종(L'Angelus, 밀레, 1857~1859 경, 파리 오르세 미술관)

　　삼종기도는 전통적으로 중세 시대 이후 그리스도인들에게 생활과 가장 밀접한 기도로 자리를 잡았으며, 하루 세 번 성당에서 울리는 종소리는 신자들의 하루 생활 리듬을 이끌어주었습니다. 그리고 갈리스토 3세 교황(209대 교황, 재위 1455~1458)은 자신의 재임 기간 모든 성당은 정오가 되면 신자들이 삼종기도를 드릴 수 있게 종을 치도록 지시하였다고 합니다.

부활 시기 삼종기도는 '레지나 첼리'(Regina Cœli, 하늘의 모후님)를 바칩니다. 그리고 부활 삼종기도를 바칠 때는 부활의 기쁨을 표현한다는 의미에서 일어서서 기도합니다. 그래서 예전에는 부활 삼종기도를 '희락삼종경'(喜樂三鐘經)이라고 하였습니다.

이렇게 삼종기도를 강조하는 이유는, 이 기도가 가톨릭교회 안에서 전통적으로 드리는 많은 기도 중 하나이며, 그와 동시에 기도를 잘 드리면 신앙의 신비를 깨달을 수 있기 때문입니다. 삼종기도의 내용 속에는 인간을 향한 하느님의 깊은 사랑과 마리아를 통한 구원의 신비와 영원한 생명에 대한 약속이 풍부하게 담겨 있음을 다시 한번 상기하고 싶습니다. 여기에서 1866년 박해 때 예비신자였던 분이 박해시기 내내, 성직자가 없던 시기에 오로지 삼종기도만을 바치며 신앙을 유지해왔던 사연을 소개하고 싶습니다.

1866년 박해 이후, 박해가 가라앉을 무렵인 1876년 무렵에 또다시 파리외방전교회 선교사들이 조선에 입국하여 박해시기 동안 산과 골짜기 안으로 숨어 들어간 교우들을 찾아 나섰습니다. 선교사들은 당시 천주교 신자들이 하느님을 믿지 않는 사람들 사이에서 숨어 살면서 신앙생활을 제대로 하지 못하고 있다고 사실을 알게 됩니다. 그래서 선교사들은 가급적이면 신자들끼리 일정한 지역에 모여 신앙공동체를 이루고 살아갈 수 있도록 노력했습니다. 선교사들은 조선에 천주교가 들어온 후 박해 때 신자들이 신앙을 지키기 위해 교우촌을 일구며 살았던 전통을 알고 있었기에 그러한 신앙 전통을 되살리고 싶었던 것입니다.

그러한 노력 가운데 1888년에 조선에서 선교활동을 했던 파리외방전교회 선교사의 보고서에서 매우 흥미로운 내용을 발견할 수 있습니다. 1888년 황해도에서 선교를 하는 로(Jean Louis Joseph Rault, 노약망, 1860~1902) 신부의 이야기입니다.

로 신부님은 하느님을 믿지 않는 사람들 가운데에서 여기저기 흩어져 살아가는 교우들을 찾아내어 그들을 다시 근처로 함께 모여 살게 하는 데 성공했다고 합니다. 보고서에는 교우들이 살아가는 동네가 벌써 네 군데나 있고, 이제 다섯 번째 교우 동네가 생기는 중이라고 하였습니다. 보고서에 그와 관련된 내용이 다음과 같이 기록되어 있습니다.

어떤 과부가 예비 교우를 세 명이나 데려왔는데, 세 사람이 다 준비가 잘 되어 있었습니다. 과부 자신도 20년 전부터 마음속으로는 교우였지만 아직 세례를 받지 못했습니다. 1866년의 박해가 일어날 무렵에 이 과부는 삼종기도밖에 알지 못했었습니다. 그렇지만 이 짧은 기도가 힘이 되고 희망이 되었던 것입니다. 그의 말에 의하면 '자신은 정해진 시간에 삼종기도 외는 것을 한 번이라도 궐한 기억은 없습니다'라고 했습니다.

그렇습니다. 보고서에는 박해시기 동안, 그리고 성직자가 없을 때 자신이 유일하게 알고 있는 삼종기도만을 바치며 신앙을 지켜낸 여인을 언급하고 있습니다. 그 여인은 심지어 예비신자였으며, 혹독한 박해로 인해 천주교라는 명칭마저도 없어진 것으로 생각했던 것입니다.

그럼에도 불구하고 하루에 세 번, 날마다, 그리고 20년 동안 한결같이 삼종기도를 바쳐왔던 것입니다.

그런데 그녀는 작년(1887년)에 비로소 천주교 신자 한 사람을 만나게 되었고, 즉시 천주교 교리를 배우는 일을 시작했던 것입니다. 로 신부는 보고서 말미에, 하느님께서는 그의 꾸준한 믿음을 너그럽게 갚아주셨다고 기록해놓았습니다.

박해시기에 과부였던 예비신자가 자신이 할 수 있는 유일한 기도인 삼종기도를 바치면서 신앙을 유지해왔다는 사실은 정말 놀랍기 그지없습니다. 하느님 사랑의 신비를 다시 묵상해볼 수 있었습니다. 그 어떤 교리적·신학적 지식을 아는 것만큼이나 평소 자신이 정성스럽게 바치는 간단한 기도가 참된 신앙의 신비로 이끌어준다는 사실을 또다시 확인할 수 있었습니다.

요즘 신자들은 자신의 신심에 따라 좋아하는 기도 내용이 있고 또 하는 방식이 다른 경우도 있습니다. 어떤 분은 날마다 십자가의 길을 바치면서 주님 수난을 묵상하고, 또 어떤 분은 시간이 날 때마다 묵주를 손에 쥐고 기도 바치기를 좋아합니다. 또 어떤 분은 감실 앞에 앉아 성체조배하는 것을 선호하고, 또 어떤 분은 활동을 통해서 선행을 실천하는 것을 기뻐하는 분들도

진심으로 바치는 기도는 하느님만이 주시는 놀라운 사랑의 신비를 체험하게 해줍니다.

 그러나 중요한 것은 기도의 양이 아니라 기도의 질(質)이 아닐까 합니다. 우리가 평소에 자주 바치는 주님의 기도나 성모송, 그리고 영광송 한 구절 안에도 하느님 사랑과 구원의 신비가 풍성하게 담겨 있습니다. 화살기도를 바치듯 지향을 두며 바치는 단순하면서도 깊이 있는 이 기도들은 결국 하느님께 기도 지향의 대상을 온전히 의탁하는 마음이 새겨져 있습니다. 심지어 식사 전 기도나 식사 후 기도 내용 속에도 영성적으로 깊은 의미가 담겨 있습니다. 식사 기도 안에는 하느님에 대한 감사와 양식을 위해 헌신한 이들에 대한 마음, 함께 음식을 나누는 이들에 대한 친교, 그리고 죽은 이들에 대한 기도 지향이 있는 것입니다.

내가 지금 바치는 기도가 짧은 것이든 긴 것이든, 신학적으로 탁월한 것이든, 평범한 시민의 단순한 것이든, 그 기도 내용 속에 담긴 하느님 사랑과 이웃 사랑에 대한 기도 정신을 실천하며 살아가면 좋겠습니다. 그럴 때 삼종기도로 박해시기를 이겨낸 여인의 모습처럼 우리 역시 삶의 고통과 어려움 속에서 우리를 구원으로 이끄시는 하느님 섭리를 발견할 수 있을 것입니다. 진심으로 간절하고 정성스럽게 바치는 기도는 하느님만이 주시는 놀라운 사랑의 신비를 체험하게 해 줍니다.

"믿고, 배교하고, 밀고하고, 회심하고, 증언하고"
- 어느 교우의 신앙 여정

9월은 순교자성월입니다. 순교자는 우리 신앙이 뿌리입니다. 천주교 신자로서 우리 모두에게 좋은 묵상거리와 생각거리를 안겨주는 어느 신앙 선조의 이야기를 세 차례에 걸쳐 함께 나누고 싶습니다.

1866년부터 조선에서는 천주교에 대한 가장 길고 긴 잔혹한 박해가 발생했습니다. 앞에서 여러 차례 언급한 병인박해입니다. 그 여파로 수많은 신자가 죽거나 배교했고, 살아남은 신자들은 깊은 산속으로 숨어 들어 가서 살았습니다. 당시 조선 전역에는 선교사 열두 명이 활동하고 있었는데, 박해로 인해 아홉 명이 체포되어 순교했으며 세 명만 가까스로 중국으로 탈출했습니다. 그러다 시간이 흘러 조선 안팎의 국제 정세가 급변하면서 천주교에 대한 박해도 잦아들기 시작합니다. 그래서 1876년부터 또다시 선교사들이 몰래 입국을 했는데, 그렇게 입국한 선교사들은 1882년부터 1866년 박해 때 순교한 분들에 대한 시복 작업을 추진하였습니다.

종교 자유의 분위기 속에서 1890년에 제8대 조선 교구장으로 뮈텔 주교가 취임했습니다. 뮈텔 주교는 1886년 순교자 시복을 위한 조사를 본격화하면서 1899년에 '1866년 순교자 조사위원회'를 공식적으로 구성합니다. 그런 다음 그 해 6월 19일에 「1866년과 1867년에 순교한 하느님의 종 29위의 재판」(Judice in causa viginti novem servorum Dei qui dincuntur martyrium subiisse annis 1866 et 1867)을 시작합니다.

1899년 6월부터 시작한 시복 재판은 1900년 11월 30일의 마지막 재판까지 총 135차례나 열렸고, 1866년 박해와 순교자에 관해 자세히 알고 있는 증인 100여 명이 재판에 출석하였습니다. 모든 재판이 끝난 뒤에 뮈텔 주교는 아홉 권 분량의 재판 자료를 정리하여 1901년에 교황청 예부성성(현재 시성부)에 제출했고, 그 자료가 1866년 순교자 시복에 핵심적인 역할을 하게 됩니다.

1899년 시복 재판 때 증인으로 출석한 이들의 배경을 살펴보면 '1866년 박해 때 순교한 분의 신앙 증거 내용을 구체적으로 알고 있는 동료 신자들'과 '1866년 박해 순교자의 직계 가족과 친인척', '1866년 박해 순교자의 견진 대자'가 있었습니다. 그리고 순교자의 이야기를 주변에서 구전으로 전해들은 성직자와 수도자, 천주교 신앙과 상관없는 비신자도 있었습니다. 그런데 놀라운 사실은 1866년 순교자 시복 재판 증인으로 참석한 이 중에는 박해 때 동료 신자를 색출하여 박해자에게 고발한 '밀고자'도 포함되어 있었습니다. 그 밀고자가 이번 이야기의 주인공인 '피영록(바오로)'입니다.

1866년 박해 때 대표적인 밀고자였으며, 1899년에 시복 재판에 증인으로 나온 피영록은 서울 남대문 근처에서 1844년에 태어났습니다. 일찍이 부모형제를 여의었고, 동생 피기록과 함께 자암(紫巖)에 사는 고모부 정의배(마르코, 1795~1866)와 고모 피 가타리나(1818~1878)에 의해 양육됩니다.

현재 103위 성인품이 오른 정의배와 '하느님의 종'으로 시복 작업 중인 피 가타리나 부부는 당시 신자들 사이에서 신앙생활의 모범을 보여준 덕망 높은 부부로, 특히 정의배는 서울의 '회장' 소임을 맡아서 교회 공동체를 잘 이끌었던 분이었습니다.

이러한 모범적인 신앙 환경 속에서 12년간 한집에서 살았던 피영록은 어릴 때 정의배에게 '바오로'라는 이름으로 세례를 받았고, 열아홉 살이 되던 해에는 천주교 신앙을 보다 구체적으로 배웠습니다. 그리고 제4대 교구장인 베르뇌 주교님에게 고해성사도 보았고, 제5대 교구장인 다블뤼 주교님과도 몇 년을 같이 지냈습니다. 또한 브르트니에르(Simon Marie Antoine Just Ranfer de Bretenieres, 1838~1866) 신부와 함께 살면서 복사를 하며 조선어도 가르쳤습니다. 그리고 우세영(알렉시오, 1845~1866)과 2년 동안 교류하였고, 최형(베드로, 1814~1866)과도 친분 관계를 맺으며 지냈습니다. 이러한 전반적인 사실들을 통해 피영록은 어릴 때부터 고모 피 가타리나와 고모부 정의배 내외와 함께 지내는 동안 여러 성직자와 조선 천주교회의 중추적인 인물들과 교류했고, 그 영향으로 좋은 신앙인으로 성장하였다는 것을 알 수 있습니다.

피영록은 1864년 무렵에 서울 한동(翰洞) 태생의 정 마리아와 결혼을 합니다. 그런데 결혼 2년 후인 1866년에 천주교 박해가 발생했고, 그 역시도 박해의 잔혹함을 생생하게 겪습니다. 많은 천주교 신자들이 체포되었고, 살아남기 위해 숨어 지냈던 피영록도 가족을 데리고 과천 땅으로 도망쳤습니다. 그렇게 도망을 다니면서도 피영록은 새남터 형장에서 순교한 베르뇌 주교와 다른 순교자들의 시신 이장(移葬)에도 동참했으며, 특히 고모 피 가타리나와 고모부 정의배의 시신을 찾아 이장합니다. 이처럼 피영록 바오로는 박해가 한창일 때 순교자들의 시신 이장에 적극적으로 참여할 정도로 성실하게 살았습니다.

하지만 피영록은 1868년 4월에 체포되었고, 좌포도청에서 옥살이를 합니다. 누구보다도 열심히 신앙생활을 했던 피영록은 옥살이 중에 받았던 형벌을 이기지 못해 배교했을 뿐 아니라 「좌포도청등록(左捕盜廳謄錄)」13)의 공식 기록에서도 알 수 있듯이 천주교 신자와 교우촌 수색에 가담하며, 동료 교우들의 체포와 고발에 적극적으로 협력하는 '밀고자'가 됩니다. 조선 조정 측에서는 피영록이 인품이 좋은 천주교 회장이자 '천주학의 우두머리'였던 정의배의 조카였기 때문에, 평소에 그가 많은 천주교 신자들을 알고 있다고 확신했던 것입니다. 이에 박해자들은 피영록이 배교를 하자 그 증거로 밀고자 역할을 맡겼던 것입니다. 그래서 피영록은 3년 동안 포졸들과 함께 다니면서 천주교 신자를 찾아 밀고하는 밀고자로 살았습니다.

당시 천주교 신자들도 정의배·피 가타리나의 조카이면서, 어릴 때부터 천주교 신앙을 충실히 실천했던 피영록이 신자 색출에 적극적으로 앞장서고 있음을 알게 됩니다. 그래서 천주교 신앙공동체와 교우들은 피영

---

13) 조선 후기 서울의 치안을 담당했던 관청인 좌포도청의 업무 관련 기록을 모은 문서. 1775년(영조 51)부터 1884년(고종 21)까지 좌포도청 업무를 일기 형식으로 매일 기록한 일일 업무 일지를 말한다.

록을 "피록이"라 불렀습니다. 피록이는 '밀고자 피영록 바오로(당시 표기로 '보록')'를 줄인 말로, 이 말을 통해 교우들은 그를 철저하게 경계하고 있었음을 확인할 수 있습니다. 피영록 바오로는 성실한 신앙인이었지만 체포 후에 배교와 동시에 천주교 신자 공동체에게 가장 악명 높은 밀고자, 즉 배반자 유다가 되었습니다.

『기해일기』(1905년 초판 간행). 1839년 기해박해를 전후하여 순교한 천주교인들에 관한 순교 기록이다. 순교자들과 같은 시대에 살았던 목격자들의 증언에 기초하여 쓰여졌으며, 1925년에 시복(諡福)된 79위 복자(福者)의 시복조사작업에 가장 중요한 사료로 이용되었다.

그래서 모진 박해로 인해 '사는 것이 죽는 것보다 더 고통스러운 삶'을 살던 당시 신자들은 포졸뿐 아니라 동료였던 피영록에게도 들키지 않으려고 숨어 지내야 했습니다. 당시 신자들에게 '피영록', '피보록', '피록이' 등은 치가 떨리는 배반자의 대명사였고, 가장 경계해야 할 대상이었습니다.

'피록이'라는 명칭은 제7대 조선교구장인 블랑 주교님의 1883~1884년 연말 보고서에도 기록되어 있습니다. 보고서에서 주교님은 피영록에 대해 언급하기를 "불쌍한 배교자 피 바오로 록이"라고 적어놓았습니다. 이를 통해 '피영록 바오로'라는 이름과 '피록이'가 1866년 박해 이후 천주교 신자들 사이에서 유명한 밀고자였음을 알 수 있습니다.

3년 동안 천주교 신자를 박해자에게 고발하는 밀고자 노릇을 했던 피영록은 1866년 박해가 점차 완화되고, 종교 자유의 분위기가 형성되자 자신의 이름을 '이건하'로 개명합니다. 그런 다음 몇 년 동안 천주교 신앙과는 전혀 관계가 없는 사람으로 생활합니다. 충실한 신앙인이었다가 배교뿐 아니라 밀고자로 이름을

떨친 피영록은 그 수치스러움에 이름마저 개명하고 교회를 떠났던 것입니다. 평소 신자들 사이에서 훌륭한 신앙인이었다가 어느 날 밀고자가 된 현실은 정말 비극이라 하지 않을 수 없습니다. 박해시기에는 신자든 밀고자든 모두가 정서적·정신적으로 큰 고통 속에서 살았음이 분명합니다.

그러다 1883~1884년 즈음, 피영록은 회심을 결심하고, 교회로 나와 천주교 신자로 살겠다는 뜻을 밝힙니다. 사실 당시에 배교자의 회심이 교회 내에 중요한 문제로 대두되었습니다. 그래서 블랑 주교님은 교회의 여러 문제뿐 아니라 배교자 문제를 해결하고 필요한 조치를 취하고자 1884년 9월 초에 '조선교구 제3차 시노드'를 개최합니다. 그런 다음 그 후속 작업으로 시노드의 결정 사항이 담긴 『조선교회 관례집』을 발간하는데, 그 관례집 '제1장 성사' 부분 제4항에 '고해성사에 관하여'라는 제목 아래에 다음과 같은 내용이 나옵니다.

배교자들은 자기 마을 신자들 앞에서 한 번 자신의 배

교를 철회해야 한다. 일반적으로 조선에서는 죽을 위험이 있을 경우를 제외하고는 성사를 허용하기 전에 잘못의 경중에 따라 열 번 혹은 다섯 번 금식을 하고, 신덕송·망덕송·애덕송과 함께 묵주기도를 두 달간 바치도록 한다. 물론 배교자가 죽을 위험에 있다면, 그는 선교사 앞에서 자신의 배교를 버리고 죄사함을 받으면 될 것이다. 하지만 그 후에 살아난다면 그는 신자들 앞에서 공적으로 배교를 철회해야 한다.

이 조항은 배교한 이들을 받아들이는 교회의 규정으로, 먼저 배교자는 신자들이 있는 공동체 앞에서 자신의 배교를 공식적으로 철회한 후 고해성사를 받기 전 보속을 해야 했습니다. 보속의 내용은 배교의 경중에 따라 10회나 혹은 5회의 금식을 하고, 신덕송·망덕송·애덕송과 묵주 기도를 두 달 동안 바치는 것입니다. 그런데 피영록의 경우는 달랐습니다. 자세한 내용은 블랑 주교의 1883~1884년 보고서에 기록되어 있습니다.

저는 확실하게 큰 기쁨을 총장님께 선사할 소식을 잊고 있었습니다. 오래 전에 주님께서 맡겨주신 신자들 사이에서 막대한 피해를 주었던 불쌍한 배교자 피 바오로(록이)를 성교회와 공개적으로 화해시킨 행복을 저는 누렸사옵니다. 아무도 그가 회심하리라고 믿지 않았기 때문에 저는 먼저 그에게 15회의 금식과 묵주기도를 매일 바치라고 명령했습니다. 저는 되도록 엄숙하게 합당한 모범을 보여주기 위하여 거적을 문 밖에 깔아놓고 매질을 하면서 지켜보는 모든 이들이 흐느끼는 가운데 시편 51편을 암송하면서 그 일을 거행했습니다. 그 후에 저는 고해성사를 베풀며 그의 복권에 필요한 10년간의 고행을 명했습니다. 거룩하신 주님 자비를 베푸시어 죽을 때까지 그렇게 오랜 세월 동안 더러워진 모든 중죄들에 관하여 합당하게 통회할 수 있는 마음을 그에게 허락하소서. 저는 그를 위하여 특별히 기도 중에 기억해주실 것을 감히 총장님께 청하옵니다.

이 서한에는 피영록의 회심 과정과 상황을 언급합

니다. 서한에서 피영록은 배교뿐 아니라 밀고자 역할을 했기에 블랑 주교로부터 배교와 밀고의 대가로 15회의 금식과 매일 묵주기도를 바치는 것, 그리고 10년간의 고행을 보속으로 받습니다. 하지만 신자들은 밀고자 피영록의 회심을 받아주지 않았습니다. 그래서 블랑 주교는 피영록에게 보속뿐 아니라 피영록의 회심을 확고하게 보여주는 방식으로 멍석말이를 부과합니다. 이에 피영록은 멍석말이를 했고, 이러한 모습을 바라보는 신자들이 눈물을 흘리며 시편 51편을 암송했습니다.

피영록은 멍석말이뿐 아니라 교회의 규정에 따라 보속을 실천함으로써 다시금 천주교 신자로서의 신앙생활을 하게 됩니다. 본처였던 정 마리아와 사별했기에 1896년에 박 마리아와 재혼도 합니다. 외국인에게 조선말을 가르치며 생계를 유지했지만, 어려운 형편으로 힘들게 살았다고 합니다.

배교와 더불어 밀고자의 삶을 살았기에 자신의 이름까지 개명하며 하느님과 신앙생활을 멀리했던 피영록. 그러나 어릴 때부터 받았던 신앙교육과 천주교 신자로서의 삶에 대한 내적 갈망이 그로 하여금 다시금 신앙의 길로 들어서게 만들었습니다. 그래서 회심의 삶을 살기로 했지만 신자들은 달랐습니다. 언제나 성실한 신앙인이라 믿었는데 밀고자가 됨으로써 신자들이 서로를 믿지 못해서 교회가 분열되는 상황에까지 이르렀고, 소중한 가족이 죽임을 당하자 신자들은 커다란 배신감을 느꼈습니다.

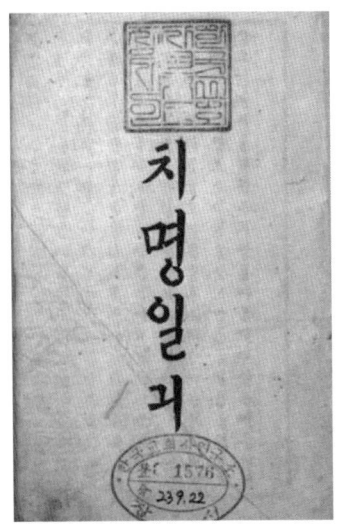 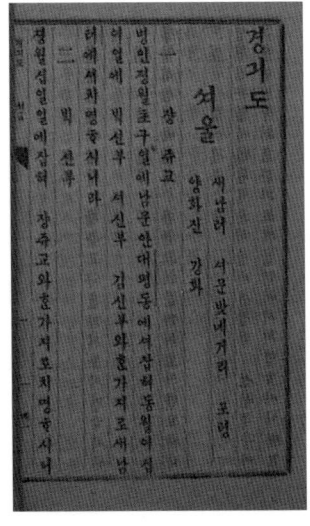

『치명일기』. 뮈텔 주교가 1866년 병인박해로 목숨을 잃은 순교자들의 명단과 약전을 수록하여 간행한 순교기록. 이 일기에 기록된 순교자 중 24위가 1968년 복자품에 올랐으며, 다시 1984년 성인품에 올랐다.

이에 주교님의 지시에 따라 보속의 구체적인 행위로 신자들은 피영록 바오로를 멍석말이하고 눈물을 흘리며 시편 기도를 바치면서 바라보았습니다. 이를 통해 박해는 그 자체로 얼마나 인간의 삶을 황폐하게 만드는지 생생하게 확인하게 됩니다.

앞에서도 언급했지만, 뮈텔 주교는 1886년 박해 때 순교한 이들에 대한 시복 절차로 '1866년과 1867년에 순교한 하느님의 종 29위의 재판'을 개정합니다. 이 재판에 여러 증인이 출석하였는데, 피영록도 증언자로 참석합니다. 시복 재판은 재판의 중요성으로 인해 여러 과정을 거쳤습니다.

> 증인 ○○○은 진실한 말을 하기로 맹세하고 또한 비밀을 누설하지 않기로 맹세함을 분부하시므로 무릎을 꿇고 성경에 손을 대어 맹세하였다.

재판의 증언자는 '진실된 내용만을 말할 것', '재판과 관련한 비밀 사항에 대해 외부에 누설하지 않겠다'는 것과 이를 뒷받침하기 위해 무릎을 꿇은 다음 성경에 손을 얹어 맹세하였습니다. 그런 다음 증언자의 진술 내용에 대한 신빙성 확보를 위해 다음의 내용을 맹세하는 선서문을 낭독했습니다.

나 ○○○, 내 앞에 있는 거룩하신 천주 성경에 손을 대어 물어보시는 말씀과 찰고할 조목대로 진실한 말로 대답하기를 맹세하옵고, 또한 누설하지 아니할 것이며, 물어보시는 말씀과 제가 대답하는 말을 누구에게든지 드러내지 아니하기로 약속을 하오니, 그렇지 않으면 맹세를 배반한 죄와 파문벌에 걸릴 것을 알고, 그 파문벌은 고해를 하여 용서받는 죄들 중에서 으뜸이라도 임종 때밖에는 용서받지 못할 것이며, 홀로 교황이 용서해주실 줄로 알고, 이렇게 약속을 하고 맹세하오니, 하느님과 믿어 거룩하신 성경이 나를 이렇듯이 도와주소서. 아멘.

증언자는 성경에 손을 얹은 다음, 재판 중에 받은 질문에 대해 진실한 내용만을 대답하고, 비밀을 철저히 지킬 것이며, 만약 맹세를 지키지 못하면 그 자체로 교회에서 파문이 되고, 파문의 해소는 임종 직전이나 혹은 교황만이 면제해준다는 선서문을 낭독함으로써 분명하고 확고한 사실만을 솔직하게 진술하였음을 알 수 있습니다.

피영록도 이러한 과정을 거쳐 전체 시복 재판 중 제4회(1899년 7월 3일), 제5회(1899년 7월 5일), 제6회(1899년 7월 8일), 제7회(1899년 7월 10일), 제8회(7월 12일)에 출석하여 증언합니다. 서울 근교에 살고 있던 그가 참석했던 재판이 열린 곳은 경기 지방 서울 주교좌 성당 지하 묘지, 즉 현재 명동대성당 지하성당이었습니다.

그리고 그가 증언한 1866년 순교자는 성 베르뇌 주교, 성 다블뤼 주교, 성 브르트니에르 신부, 성 도리(S. Pierre-Henri Dorie, 김도리, 1839~1866) 신부, 성 볼리외(S. Bernard Louis Beaulieu, 서몰레, 1840~1866) 신부, 프티니콜라(Michel Alexander Petitnicolas, 박, 1828~1866) 신부, 성 오메트르(S. Pierre Aumaître, 오, 1837~1866) 신부, 성 위앵(S. Martin Luc Huin, 민, 1836~1866) 신부, 고모부 성 정의배, 성 우세영, 성 남

종삼(요한, 1817~1866), 성 최형(베드로, 1814~1866), 성 전장운(요한, 1811~1866)입니다. 또한 그는 1878년 2월 4일, 옥중에서 병사한 고모 피 가타리나에 대해서도 자세히 증언하였습니다.

피영록은 1866년 순교자 정의배와는 12년 동안 가족으로 살았고, 다른 인물들도 몇 년을 같이 생활했으며, 그 외의 순교자와는 친분관계가 있었기에 다른 인물의 체포 내용이나 치명 사실에 대해서는 "실제로 본 사람으로부터 들었다"고 진술함으로써 분명한 역사적 사실성을 갖고 있었습니다.

또한 피영록은 브르트니에르 신부와 지내는 동안에는 그의 복사를 했고, 조선어 선생 역할을 했습니다. 그래서 그가 진술한 브르트니에르 신부에 대한 인간적 면모에 관한 증언은 신빙성이 높았습니다. 이를 통해 브르트니에르 신부가 피영록에게 했던 대화 내용은 박해 때 순교를 앞둔 선교사들의 마음을 파악하는 데 중요한 진술이 됩니다. 그리고 피영록은 증언 대상자의 시신 이장에 직접 참여했고, 이장 당시의 시신 상태를 사실적으로 묘사했으며, 이장에 참여한 신자들이 증언

대상자들의 유품을 어떻게 다루었는지를 구체적으로 언급합니다.

다시금 피영록 바오로의 모습을 통해 박해시기를 찬찬히 묵상해봅니다. 사실 박해 때 체포된 신자들은 잔혹한 문초를 받았고, 인간적으로 죽음에 대한 두려움으로 생명의 위협을 느끼며 옥살이를 했습니다. 이는 충실한 신앙인도 배교뿐 아니라 밀고자가 될 수 있는 상황으로 몰릴 수밖에 없는 조건임을 알 수 있습니다.

그리고 동료 신자였다가 밀고자가 된 이들의 경우, 동료 교우들에게 '사람에 대한 사랑'이라는 교회의 가르침을 의심하게 만들었고, 밀고자에 의해 본인이나 가족, 주변 사람들이 체포될 경우 교회 공동체 내에서 심각한 분란을 일어났습니다. 결국 박해시기 밀고자의 존재는 살기 위해 밀고자가 된 본인뿐 아니라 박해와 밀고자까지 피해야 하는 이중의 고통을 겪게 했음을 알 수 있습니다.

그 후 밀고자 피영록의 경우 박해가 종식되고, 종교 자유의 분위기가 형성되기 시작하자 회심하여 교회 공동체로 돌아옵니다. 그러나 밀고자에 의해 가족과 동료를 잃은 당시 신자들은 밀고자를 교회의 일원으로 받아들여야 할지에 대해서 많은 갈등을 겪었습니다. 또한 밀고자를 가족으로 둔 이들도 인간적인 죄책감과 심적인 고통 등 주변의 부정적인 평판을 받아야 했습니다. 이러한 사실들을 통해 박해 이후 교회가 안정화를 찾으면서 배교·밀고자의 회심에 대한 수용 여부에 대한 또 다른 문제들이 발생합니다. 그래서 멍석말이를 당하는 피영록의 모습과 시편을 외며 멍석말이를 가하고 눈물을 흘렸던 동료 신자들의 모습은 순교를 기억하거나 현양하는 또 다른 일부가 될 수 있음을 비유적으로 보여줍니다.

그리고 피영록은 1899년 교구 시복 재판에 증언자로 참석하여 재판을 통해 자신이 실제로 경험했던 순교자들의 삶에 대해 구체적으로 진술하면서 당시 교회의 상황과 순교자들을 대하는 신자들의 모습을 생생하게 묘사하는 중요한 증언을 남겼습니다. 그의 증언 내용이 주는 높은 신빙성 때문에 시복 대상자들의 삶과 신앙, 그리고 죽음 앞에서도 신앙을 증거했던 모습들이 구체적으로 확인되면서 시복 재판은 그 권위를 인정받을 수 있게 되었습니다.

　밀고자 피영록은 교회 공동체에 큰 고통을 안겨주었지만, 증언자 피영록은 순교자들의 삶과 신앙을 구체적으로 이해하는 데 큰 도움을 주었습니다. 그러면서 우리는 밀고자의 모습을 통해 박해는 결국 인간의 존엄성을 말살하고, 사람의 가치를 무너지게 하는 폭력상황이었고, 생각 이상으로 신앙인으로 하여금 자신의 존재를 극한 상황으로 몰고 가게 만든다는 것에 주목할 수 있습니다.

　박해시기를 좀 더 깊이 있게 돌아보아야 할 것입니다. 순교자뿐 아니라 배교와 밀고라는 형식으로 어려움에 처했던 인물들의 처지 역시 이해하고 기억해야 합니다. 박해시기를 오로지 신앙과 불신앙, 순교와 배교, 선과 악이라는 이분법적 판단이 갖는 오류에서 벗어나 총체적·객관적으로 시각으로 볼 때 박해에 대한 온전한 이해를 할 수 있을 것입니다.

1876년 이후 교우들이 보여준 신앙의 모범

1865년 당시 조선 교회 교세 통계를 보면, 신자 2만 3천 명, 주교 두 명, 신부 13명이 활동하고 있는 것으로 나와 있습니다. 그러나 1866년 병인대박해로 조선의 천주교 신앙공동체는 엄청난 타격을 입어서 흔적조차 사라진 듯 보였습니다. 그리고 10여 년 동안 조선 천주교회에는 사제가 없었고, 당연히 성사도 이루어지지 못했습니다. 그 후 1876년에 파리외방전교회 선교사들이 재입국하여 조선 교회는 서서히 재건의 기지개를 피기 시작했습니다.

1866년부터 10여 년간 박해로 인해 죽음의 피바람이 몰아쳤고, 겨우 목숨을 부지했던 신앙 선조들은 '사는 것이 죽는 것보다 더 힘들었던 시간'을 오로지 신앙의 힘으로 극복해냈습니다. 그러다 1876년에 선교사들이 입국했다는 소식을 듣자 아직 박해가 끝나지 않은 상황에서 혹시 체포되면 죽을지도 모르는 위험이 도사리고 있음에도 불구하고 선교사를 만나기 위해 노력했습니다. 이유는 오직 신앙의 불을 다시 피워서 교회를 재건하려는 것이었습니다.

그렇지만 이처럼 살아남은 신앙 선조들의 이야기들은 서서히 잊혀져왔습니다. 신앙 선조의 이야기는 박해 앞에서 용맹하게 신앙을 증거한 순교자들의 모습 앞에 묻혀버렸습니다. 시복 시성을 중요시 하다 보니 관련 자료나 교회사도 순교자의 관점이 중시되었습니다. 그렇게 순교자 현양에만 몰두했기에 '사는 것이 죽는 것보다 더 힘들었던 시간' 속에서 끝까지 신앙을 지키며 살아남은 선조의 이야기는 그들의 선종과 함께 사라져버리고 말았습니다.

박해라는 커다란 고통 속에서 신앙 전통을 지키기 위해 살아남았던 신앙 선조들의 이야기 중에서 지금까지 남아 전해지는 것이 있습니다. 예를 들면, 이런 이야기들입니다. "조과 만과를 바치지 않으면 부모님께서 밥도 주지 않았다", "기도 때 졸면 그 자리에서 뺨을 맞았다", "나이 많은 이도 공소회장 앞에서 절절 맸고 무조건 순종했다", "찰고 때면 회초리를 맞으면서 교리문답을 외워야만 했다", "파공 첨례를 무조건 지켜야만 했다", "대축일 때면 몇 십리 길을 걸어 본당으로 갔다." 아직도 전해지는 이런 이야기들을 통해 신앙 선조의 모습을 떠올려봅니다.

우리 신앙의 선조들은 '사는 것이 죽는 것보다 더 힘들었던 시간'을 오로지 신앙의 힘으로 극복해냈다.

그런데 이런 이야기를 들려주면, 요즘 신자들 중에는 당시의 신앙생활이 "너무나 맹목적이며 과도했고", "어떻게 그런 것이 신앙일 수 있을까" 하며, 먼 옛날의 있었던 이야기 정도로만 생각합니다. 과거에 지나치게 신앙에 몰두한 천주교 신자들의 '박제'가 된 신앙 이야기 정도로 치부해버립니다. 그렇다면 1876년 이후 선교사들과 함께 교회 재건에 앞장섰던 신앙 선조들의 모범적 신앙 이야기는 그런 것밖에 없었을까요?

1876년 이후 신앙 선조들의 삶을 조금이나마 살펴봅니다. 1876년 이후에도 신앙 선조들은 매일 삶과 죽음의 갈림길에 섰지만 '성사'에 대한 갈망을 품고 살았습니다. 1878년의 조선 천주교회에 대한 보고서에는 다음과 같은 내용이 있습니다.

그들은 모든 위험에도 불구하고 정처 없이 헤매는 동안 지친 노고의 대가로서, 오직 예수 그리스도 안에 신부들의 위로만을 받고 싶어 하였으며, 신부의 발아래 꿇어 앉아 자신들의 죄를 고백함으로써 주께 용서를 청하고, 모든 위험에 대비하여 모든 고통을 이겨낼 수 있는 힘을 주는 '빵', 즉 생명의 양식만을 받고 싶어 했다.

10여 년 동안 계속된 박해로 인해 힘겹게 살아야 했던 신앙 선조들은 마음속으로는 언제나 고해성사와 성체성사의 은총을 간절히 염원했습니다. 성사 생활이 주는 기쁨이 바로 자신들이 살아남아야 할 원동력이라고 생각했던 것입니다. 또한 1886년도 보고서에도 성사 생활에 대한 열정을 살펴볼 수 있습니다.

이 지역에서 선교사들을 극도로 피곤하게 만드는 것은 밤일입니다. 하루의 바쁜 일과를 끝내고 밤에도 교우들에게 성사를 주기 위해 종종 새벽 한 시가 넘도록 깨어 있어야 합니다. 교우들이 외교인들의 눈을 피해 한밤중에나 찾아오기 때문입니다.

이 보고서는 당시 선교사들의 일상이 기록된 내용인데, 당시 신자들은 믿지 않는 주변 사람들의 시선을 피해 새벽 시간에 선교사를 찾아가 성사 생활을 영위하였습니다. 또한 1893년도 보고서는 파리외방전교회 소속 르메르(Louis Bon Jules Le Merre, 이유사, 1858~1928) 신부의 강원도 지역 선교 활동의 모습이 담겨 있습니다.

이 교우들은 일반적으로 열심하고 성사받기를 좋아합니다. 본인 집에는 여름철 주요한 축일에 인근에 있는 공소 여섯 내지 여덟 군데에서 와서 성사를 받고, 강한 자들의 빵(성체)을 받아먹고는 명랑하고 경쾌한 걸음으로 돌아가서 농사를 하거나 조그마한 장사를 하거나 합니다. 더 멀리 떨어진 동네에서는 교우들이 일 년에 한 번씩밖에는 성사를 받지 못합니다. 많은 교우들이 이제는 외교인들 가운데 가서 자리 잡고 하느님의 제자라는 것을 인정하면서 살 수 있다고 믿고 있습니다.

이 보고서를 통해 종교의 자유가 서서히 정착되는 분위기 속에서 신자들은 공식적으로 자신이 천주교 신자임을 드러냈으며, 성사생활과 자신의 일상에 충실한 성숙한 신앙인의 모습을 엿볼 수 있습니다.
그밖에 1883년 보고서에는 조선교구 제7대 교구

장 블랑 주교님이 일본 나가사키에서 주교품을 받은 내용이 나옵니다. 이때까지도 조선에는 천주교에 대한 박해가 끝나지 않은 때이고, 1886년 조불수호통상조약 또한 체결되기 이전입니다. 그런데 신앙 선조들은 주교님의 서품식에 죽을 각오로 참석했음을 확인할 수 있습니다.

또한 1895년 보고서에는 동학농민전쟁이 진행 중이던 1894년 7월 27일에 청나라 군대 패잔병에게 살해된 파리외방전교회 선교사 조조(Jean Moïse Jozeau, 조득하, 1866~1894) 신부와 그의 장례에 관한 내용이 있습니다. 조조 신부의 장례 미사는 선종 후 9개월 뒤인 1895년 4월 27일 오전 10시에 용산 예수성심신학교에서 거행됩니다. 그런데 신앙 선조들은 전라도 전역에서 서울까지 일주일을 걸어 장례 미사에 왔다고 합니다.

1876년 이후 신앙 선조들의 삶을 혼자 곰곰이 묵상해봅니다. 1866년 박해 때 잡혀서 순교하는 것보다 더 큰 고통의 긴 시간을 견뎌내며, 신앙의 전통을 고수해온 분들. 그렇다면 그분들의 삶의 원동력은 무엇이었을까요. 인간의 머리로는 도저히 알 수 없습니다. 그저 하느님만이 아실 겁니다. 그들이 비록 순교하지 않았어도, 순교자만큼 훌륭하게 살았던 그분들의 삶과 신앙, 분명 하느님만이 아실 겁니다.

1876년 이후
천주교의 매력에 푹 빠진
예비 교우들의 모습

2021년, 한국 천주교 주교회의가 발표한 「2020년 교세 통계표」를 보면, 어느 정도 예상했듯이 코로나19의 영향으로 모든 수치가 현저히 낮아졌습니다. 그중 예비신자 교리반의 경우, 방역 문제로 정상적으로 개설되지 못한 경우가 많다 보니 입교자뿐 아니라 영세자 숫자도 급감했습니다.

사실 예비 교우들은 신앙의 첫걸음부터가 낯선 환경에 대한 적응인데, 코로나19에 대한 불안 또한 가중되니 신앙 입문에 더 큰 어려움을 겪었을 것입니다. 그래서 본당마다 예비신자에게 신경을 쓰고 배려는 하고 있지만, 예비 교우 본인들이 가지는 내외적인 걱정은 별개일 것입니다.

예비 교우 시절은 천주교 신앙을 어떻게 받아들이고, 교리를 어떻게 이해하며, 천주교 신자가 되기 위해 어떤 노력을 기울여야 할지 교리교사나 자신을 교회로 인도한 분에게 묻기도 하면서 그 해결 방안을 찾곤 합니다. 그런데 대면과 접촉에 제한이 있던 코로나19 상황에서 그들이 겪었던 답답함을 생각하면 마음이 안쓰러워집니다.

그래서 예비 교우들 중에는 천주교 신앙인이 되려는 첫 마음이 식어가고, 이러지도 저러지도 못해 마음의 갈등을 겪은 경우도 적지 않았다고 합니다. 그런데 이와 같이 천주교 입문에 어려움을 겪는 예비 교우들의 상황이 과거에도 있었습니다.

1876년, 조선에 재입국한 선교사들이 교회 재건에 노력을 기울이던 당시 1866년 박해의 여파는 여전히 남아 있었고, 천주교 신앙에 대한 부정적인 인식은 극에 달해 있었습니다. 무너진 천주교 신앙공동체는 당장 내일 일도 예측할 수 없는 암담한 상황이었고, 가까스로 살아남은 신자들은 극심한 가난에 직면해 있었기에 교회 공동체에 도움을 주기 힘든 형편이었습니다. 그래서 교회에서 예비 교우를 모집하고, 그들에게 신앙을 전수하려는 노력은 무척 어려웠습니다.

그런데 당시 선교사들의 활동보고서를 보면, 최악의 환경 속에서 천주교에 입문했던 예비 교우들의 열정을 찾아볼 수 있습니다. 우선 1888년도 선교사 보고서를 보면, 박해시기에는 천주교 신앙을 원수처럼 여겼던 85세의 노인이 천주교에 입교한 후, 매일 기도 생활을 실천하면서 특히 '예수 마리아'를 천 번씩이나 부르며 자신의 신앙을 고백했다는 내용이 나옵니다.

1894년도 선교사 보고서에는 어느 유식한 노인이 천주교에 입문한 지 불과 6주 만에 천주교의 주요 기도문과 교리문답을 다 외웠다는 이야기가 나옵니다. 1894년도 선교사 보고서에는 예비 교우 중에 세례를 받기도 전에 십자성호를 긋거나 삼종기도를 외운 분이 많았다고 합니다. 심지어 예비 교우가 세례도 받기 전에 주일의 모든 예식을 철저히 지키거나 주일 미사 참례를 엄격한 규칙으로 삼았던 경우도 있었다고 합니다.

1886년도 선교사 보고서에는 예비 교우가 세례를 받기도 전에 자신의 가족이나 주변 사람들에게 교리를 가르치고자 노력했던 기록도 있습니다. 특히 어떤 예비 교우의 경우, 입교와 관련하여 문제가 발생하자 천주교 신자를 직접 찾아가 그 문제를 상의했고, 천주교 입문에 방해되는 것들이 있다면 과감하게 끊고자 결심을 한 사실도 있습니다. 1895년도 선교사 보고서에는 세례 받을 무렵 다리에 종기가 생겨 걷지도 못하게 된 열여덟 살 된 아들을 등에 업고 10리, 즉 4킬로미터를 걸어온 어느 어머니 이야기도 있습니다.

1889년도 선교사 보고서에는 83세의 노인이 수리산 공소에서 입교한 이야기가 상세하게 실려 있습니다. 세례 받을 준비를 하던 여인의 아들과 며느리가 세례 받는 날이 되자 늙은 어머니가 세례 받는 것에 대해 신부님과 상의해주겠다는 말을 남기고 본인도 세례를 받으러 떠났습니다. 아들과 며느리가 세례를 받으러 간다는 사실을 미리 알았던 노인은 자신도 세례를 받기 위해 아들과 며느리의 뒤를 먼발치에서 따라갔습니다.

당시 수리산 공소는 높은 산에 위치했고, 올라가는 도중에 눈까지 만나 여인이 죽을 뻔하는 일이 일어났습니다. 구사일생으로 수리산 공소에 도착한 늙은 여인은 영세식장에서 신부님께 자신도 세례를 받으려는 의지를 다음과 같이 전합니다.

> "어떻게 할머니 연세로 산을 올라올 수 있으셨습니까?"
> "나는 영원히 쉬게 될 천당을 생각했어요."
> "그렇기는 하지요. 허나 그 일이 순하고 쉬운 일은 아니었을 텐데요."
> "무슨 소리를 하는 거요! 영세를 받으러 오는 데 무슨 어려운 일이 있단 말이오. 그리고 내가 지옥에 간다면, 그건 어렵지 않겠소?"

그밖에도 1876년 이후 천주교에 입교하려는 예비 교우들의 열정적인 모습은 찾아볼 수 있습니다. 그렇다면 정치적으로 박해가 아직 끝나지 않았고, 경제적으로는 교회 자체가 무척 가난했으며, 사회적으로도 교회는 그 어떠한 힘을 갖고 있지 않던 상황에서 천주교에 입교하려는 예비 교우들의 마음을 사로잡은 것은 과연 무엇이었을까요?

어쩌면 모진 박해로 인해 이 땅에서 사라져야 했지만 그래도 끈질기게 생명력을 지니고 있는 천주교 신앙 그 자체가 예비 교우들의 마음을 사로잡지 않았을까요? '사는 것이 죽는 것보다 더 고통스러웠던 시간을 견뎌낸 신앙 선조들의 모습'을 보고 예비 교우들이 매력을 느낀 건 아닐까요? 동료 신자들을 찾아 죽을 각오로 조선에 재입국한 후, 어떻게든 교회 공동체를 재건하려는 선교사들의 간절한 모습에서 예비 교우들이 호감을 느낀 건 아닐까요?

신앙에 매력을 느끼는 예비 교우라면 그 어떤 상황이 자신 앞에 놓여 있다 하더라도 올곧게 신앙의 길을 갈 것이라 생각해봅니다. 그렇다면 주변의 예비 교우 한 분 한 분이 진정 신앙의 길로 들어설 수 있도록 기존의 신앙인들이 각자의 자리에서 충실하고 성실한, 그리고 천주교 신앙인다운 삶을 산다면 예비 교우들 역시 그 삶을 보고 신앙의 가치를 느끼게 될 것입니다. 기존의 신앙인들이 신자다운 삶을 올바르게 산다면, 예비 교우들 역시 기쁜 마음으로 신앙의 길을 걸어갈 것이라고 확신합니다.

한국 순교자 1504위 시납터

제3부
부르심의 길을 걷다

착한 목자 곁을 지킨
아름다운 양떼!

1784년에 조선에서 천주교 신앙공동체가 자발적으로 형성되자마자 천주교 신자들은 수차례 박해를 경험했습니다. 1791년에는 전라도 진산 지역에서 조상 제사와 관련하여 발생한 박해로 윤지충(바오로, 1759~1791)과 권상연(야고보, 1751~1791)은 자신의 신앙을 증거하며 순교합니다. 그 후 계속되는 박해 중에도 천주교 신자들은 북경 교구에 꾸준히 사제 파견을 요청하여 조선에 최초로 중국인 주문모(야고보, 1752~1801) 신부가 입국합니다.

하지만 주문모 신부의 입국 사실이 탄로가 나서 체포령이 떨어지지만 착한 목자 주문모 신부를 살리기 위해 아름다운 양떼인 윤유일(바오로, 1760~1795), 지황(사바, 1767~1795), 최인길(마티아, 1765~1795)이 목자를 대신하여 순교합니다. 이 일을 계기로 주문모 신부는 6년 동안 동료 신자들과 함께 천주교 신앙 전파에 헌신적인 노력을 기울이지만, 1801년 박해로 수많은 동료 신자들을 살리기 위해 관헌에 자수한 후 기꺼이 순교하게 됩니다.

1801년 대박해로 천주교가 조선에서 완전히 사라진 듯 보였지만, 박해가 잠잠해 진 틈을 타서 다시금 천주교 신자들의 공동체가 형성됩니다. 그리고 교회 재건과 함께 성직자 영입 문제에 박차를 가하게 되었고, 특히 정하상(바오로, 1795~1839)은 1816년 겨울부터 10여 년 동안 아홉 차례나 중국을 왕래하면서 성직자 파견을 요청합니다.

이처럼 박해에도 불구하고, 천주교 신앙을 지켜온 조선 교회 신자들의 편지를 받은 '교황청 포교성성'(현재 '복음화부')의 추기경들은 감동합니다. 그리하여 조선 교회를 북경 교구에서 독립시킨 후, 대목구를 설치한 후 파리외방전교회에 맡깁니다. 당시 조선 교회 신자들이 보여준 천주교 신앙공동체에 대한 애정과 사랑이 교구 설립이라는 놀라운 일을 일구어낸 것입니다.

이후 교황청은 제1대 조선대목구장인 브뤼기에르(Barthélemy Bruguiére, 소, 1792~1835) 주교의 조선 입국에 앞서 유방제(파치피코, 본명 여항덕, 1795~1854) 신부를 먼저 입국시켜 주교의 입국을 준비시킵니다. 유방제 신부는 1834년 1월 3일, 정하상 등의 안내로 의주 부근의 국경 지대를 통과하여 조선 입국에 성공합니다.

이때 조선 내 천주교 신자들은 주문모 신부와 같은 전철을 밟지 않으려고 철저하게 유방제 신부의 입국 사실을 감추었고, 그가 선교사로서 활동할 수 있도록 물심양면으로 도움을 줍니다. 그리하여 그가 조선 교구를 떠날 때까지 조선 교회 신자들은 유방제 신부를 보호해주었습니다.

그리고 우여곡절 끝에 1836년 1월 15일에 파리외방전교회 소속 선교사인 성 모방(Pierre Philibert Maubant, 나 백다록, 1803~1839) 신부가 입국합니다. 모방 신부가 3개월 뒤에 파리외방전교회 신학교 지도자들에게 편지를 보낸 적이 있는데, 거기에는 당시 조선의 언어, 기후, 지형, 행정체계, 왕실, 도로, 건축 등의 내용이 담겨 있습니다. 이렇게 모방 신부가 조선을 잘 이해하고, 선교지 조선을 올바로 인식했던 것은, 그를 이끌어준 조선 교회 신자들의 헌신적인 도움이 뒷받침 되었기 때문입니다.

그 후 유방제 신부는 세 명의 조선인 신학생, 즉 김대건, 최양업(토마스, 1821~1861), 최방제(프란치스코, ?~1837)를 데리고 마카오로 떠나는데, 여기에 정하상과 조신철(가롤로, 1795 ~1839)이 동행합니다. 그리고 그들은 세 명의 조선인 신학생을 유방제 신부에게 맡긴 후, 1837년 1월 15일에 선교사 한 명을 데리고 조선에 안전하게 입국합니다. 바로 성 샤스탕(S. Jacobus Chastan, 정 아각백, 1803~1839) 신부입니다. 그리고 샤스탕 신부가 조선어를 익힐 수 있도록 한양의 회장 집에 머무르게 배려합니다.

사실 외국인이 조선인 집에 묵는다는 것은 당시 집 주인으로서는 죽음을 무릅쓴 결정이었습니다. 하지만 샤스탕 신부가 조선어를 잘 익혀 좋은 선교사가 될 수 있다면 죽음에 대한 두려움은 아랑곳하지 않겠다고 생각한 분들이 당시 조선 교회 신자들이었습니다.

이어서 1837년 12월 31일에 조선 교회는 처음으로 제2대 조선대목구장인 앵베르 주교를 맞이하게 됩니다. 앵베르 주교가 조선에 입국하고 3개월 동안 조선어를 배우고 나서 1838년 부활대축일을 준비합니다. 이때 앵베르 주교는 3백 명 이상이나 되는 천주교 신자들에게 고해성사와 성체성사를 거행합니다. 단지 3개월 만에 조선말로 고해성사를 주고, 성체성사를 집전할 수 있었던 앵베르 주교의 노력도 대단하지만, 그를 숨겨주고 돌보았고 조선어를 가르쳤으며, 조선 생활에 잘 적응할 수 있도록 이끌어준 조선 교회 신자들의 노고 또한 대단하다는 생각이 됩니다.

 앵베르 주교가 마카오 소재 파리외방전교회 극동 대표부의 르그레주아 신부에게 보낸 1839년 3월 30일자 서한에는 다음과 같은 내용이 있습니다.

 나는 날마다 새벽 2시 반에 일어납니다. 3시에는 집 안 사람들을 불러 기도를 드리고, 3시 반에는 예비신자가 있는 경우에는 성세를 주고 혹은 견진을 주는 것으로 성무의 집행이 시작됩니다. 그다음에는 미사성제가 있고 감사의 기도가 따릅니다. 성사를 받은 교우 15명 내지 20명이 이렇게 해서 해뜨기 전에 물러갈 수 있습니다. 낮 동안에는 대략 이만한 숫자가 하나씩 들어와서 고해성사를 받고 이튿날 새벽 성체를 영한 다음에야 나갑니다. 나는 한 집에서 이틀밖에 머물지 않으며 그리고 교우들을 집합시킵니다. 그리고 해가 뜨기 전에 다른 집으로 옮겨갑니다.

서한을 통해 앵베르 주교의 선교와 성사 집행 사실을 접하면서 앵베르 주교가 얼마나 조선 교회 신자들을 사랑했는지 확인할 수 있습니다. 특히 박해자의 눈을 피하려 일부러 밤 시간에 신앙을 지켜내는 모습을 떠올리면서 존경과 감사를 드리지 않을 수 없습니다. 그런데 앵베르 주교만큼이나 더 놀라운 것은 앵베르 주교를 집에 모신 신자들입니다.

앵베르 주교가 기도할 때 그 옆에서 함께 기도하는 신자들을 생각합니다. 그리고 새벽 3시 반에 앵베르 주교에게 영세와 견진을 받는 신자들의 모습도 떠올립니다. 또한 앵베르 주교와 미사를 드리고자 죽음

을 무릅쓰고 앵베르 주교가 있는 집에 찾아가 고해성
사를 받고, 하루 종일을 기다린 후 다음날 새벽녘에 앵
베르 주교 미사에 참석한 15명 내지 20명의 신자들 마
음 또한 묵상해봅니다. 이렇게 앵베르 주교와 미사를
마치고, 해뜨기 전에 집으로 돌아가는 그분들의 마음
은 과연 어떠했을까 상상해봅니다.

1925년 프랑스 잡지 『Le Pelerin』에 실린 모방 신부와 샤스탕 신부의 순교 장면

조선 천주교회 역사 안에서 박해시기 동안 당국에 체포된 모든 선교사들은 한 사람도 배교하지 않고 기꺼이 순교의 길을 걸어갔습니다. 조선 교회 신자들을 위해 자발적으로 관가에 자수한 주문모 신부부터, 앵베르 주교, 모방 신부, 샤스탕 신부, 그 밖의 모든 파리 외방전교회 선교사들은 체포된 순간부터 죽음에 이르기까지 오로지 하느님에 대한 신앙을 증거한 후 순교의 길을 걸어간 것입니다.

그런데 이들이 순교의 길을 걸을 수 있었던 이유는 어쩌면 그들이 조선에서 생활하는 동안 그들을 돌보아주며 그들 곁을 죽음을 무릅쓰고 지켜준 당시 조선 교회 신자들의 사랑과 헌신이 아니었을까 생각해봅니다. 다시 말해서 착한 목자 곁을 지킨 아름다운 양떼들이 있었던 것입니다. 그리고 착한 목자가 걸어간 순교의 길을 따라 아름다운 양떼도 그들을 따라 기꺼이 순교의 길을 걸었던 것입니다.

오늘날 우리 시대는 수많은 우상숭배 대상이 우리 영혼을 황폐하게 만들고, 출세, 성공, 돈, 권력 등이 세상에서 가장 중요한 것이라고 교묘하게 유혹합니다.

그리하여 하느님을 향한 우리 마음을 흔들어놓습니다. 이는 우리가 상상하는 것 이상의 유혹으로 새로운 박해라고 하지 않을 수 없습니다. 그러므로 박해시기 착한 목자와 아름다운 양떼의 그 마음을 새롭게 되새기며, 서로를 지켜주고, 돌보아줄 때입니다. 착한 목자와 아름다운 양떼의 사랑, 이 세상에서 하느님 나라를 지켜내는 힘입니다. 아멘.

이 땅의 모든 성직자, 수도자, 신학생 부모님들께

한국 천주교 각 교구에서는 지난 2021년 '김대건 안드레아 신부님 탄생 200주년 희년'을 맞아 김대건 신부님을 현양하는 행사들을 기획하고 준비했습니다. 그렇지만 예상치 못했던 코로나19의 확산과 그로 인한 방역 수칙 때문에 많은 행사를 취소하거나 축소해야 했습니다. 그래서 신자들과 함께 김대건 신부님 희년 행사에 적극 참여하지는 못했지만, 그 여백 같은 시간이 김대건 신부님께서 마련해준 영적 선물이 아닌가 하는 느낌이 들었습니다.

그렇게 희년을 마무리하는 무렵에 이런 생각이 들었습니다. 한국인 최초의 성직자 신부님이 오늘날 교회뿐 아니라 한국 사회에 커다란 반향을 일으킬 정도로 자랑스러운 인물이 되었다면, 신부님의 삶에 좋은 영향을 미친 인물이나 곁을 묵묵히 지켜준 분들이 계시지 않았을까. 그런 차원에서 신부님의 삶과 신앙을 묵상하니 신부님의 부모님이 생각났습니다.

우리가 알다시피 김대건 신부님의 부친 김제준(이냐시오, 1796~1839)은 1839년 박해 때 순교하신 분입니다. 모친에 대한 기록이 거의 남아 있지 않아 안타깝지만 부친에 대해 중점적으로 살펴볼까 합니다.

김대건 안드레아 신부님 탄생 200주년 기념 우표

신학생으로 선발된 15살 소년 김대건은 1836년 12월 3일 마카오 파리외방전교회 신학교로 떠납니다. 그리고 약 6년 뒤인 1842년 12월 27일, 조선인 밀사 김 프란치스코를 통해 '1839년 박해' 소식과 더불어 부친 김제준이 순교하고 모친 고 우르술라마저 집도 없이 떠돌이 생활을 하고 있다는 소식을 듣게 됩니다. 부친의 순교 소식을 들은 신학생 김대건은 자신의 마음 안에 언제나 아버지를 품게 됩니다. 부친에 대해 애틋한 생각에 대해서는 예수회 고틀랑(Claude Gotteland, SJ, 1803~1856)신부님이 쓴 1845년 7월 8일 서한에서 간접적으로나마 살펴볼 수 있습니다.

김 안드레아는 프랑스에서 온 '바다의 별'을 상징하는 상본 한 장을 바다의 위험에서 보호를 받기 위해 가지고 배에 탔습니다. 또 그에게는 그의 아버지를 비롯해서 조상 세 명의 순교자들의 보호가 있었습니다.

이 내용은 1845년 4월 30일, 당시 부제로 조선인 신자 열한 명과 함께 제물포에서 상해로 가던 중 풍랑을 만났을 때 기적적으로 살아난 이야기를 들은 고틀랑 신부님이 예수회 장상에게 쓴 편지 내용 중 일부입니다. 여기서 김대건 부제는 성모님에 대한 신심뿐 아니라 아버지를 비롯하여 순교한 가족들이 자신을 보호해준다는 믿음이 있었던 것입니다. 이처럼 아들에게는 언제나 자랑스러웠던 부친의 행적에 대해서 조선 제3대 교구장인 페레올 주교님이 쓴 서한의 내용을 보겠습니다.

> 김제준 이냐시오는 조선 천주교회에 많은 순교자를 배출한 것으로 유명한 집안 출신으로 (충청도) 시골에서 (1801년에) 태어났다. 일어난 첫 박해 때에 그의 아버지가 고향을 떠나 산속으로 피신했는데 그의 아버지는 김제준 이냐시오가 어렸을 때부터 덕행을 실천하도록 교육했다. 건장하게 태어난 그는 대여섯 명의 장정도 능가할 만큼 기운이 센 사람이었다.

이 내용에 이어서 다음의 사실을 주목해볼 수 있습니다.

사위의 지시로 신자임이 드러난 김제준 이냐시오는 체포되어 감옥에 갇혔는데, 그의 죄목은 천주교를 믿는 것 외에 아들(김대건 안드레아)을 마카오로 보내 서양 언어를 공부하도록 했다는 것이다.

1839년 박해가 있던 해 음력 7월 무렵, 당시 유명한 배교·밀고자였던 김여상은 김제준의 사위 곽가를 붙잡았고, 사위가 김제준이 있는 곳을 알려주어서 결국 붙잡히고 말았습니다. 그다음 내용입니다.

김제준은 천주교를 믿었다는 죄목으로 갇힌 '보통' 죄수들보다 더 가혹한 고문을 받았다. 고문을 받다가 용기를 잃은 그는 배교한다고 했으나 석방되지 않았을 뿐 아니라 형조에 넘겨졌다.

아들을 신학교 그것도 외국으로 보냈다는 이유로 체포당해 심한 고문을 받았고, "대여섯 명의 장정도 능가할 만큼 기운이 센 사람"이었지만 결국 배교합니다. 그런데 배교를 했음에도 불구하고 석방되지 않고 오히려 형조로 끌려가게 되는데, 상당히 예외적인 일이었습니다. 아들이 조선 조정의 허락 없이 국경을 넘은 월경(越境) 행위도 큰 죄였지만, 아들을 사학(邪學)의 우두머리가 되는 공부를 하러 보낸 '신학생의 아버지'에게는 배교조차 허용되지 않았던 것입니다. 그런데 다음과 같은 흥미로운 부분이 있습니다.

형조에 이미 넘겨진 다른 신자들은 김제준에게 "배교했으니까 석방될 것이라는 희망을 버리시오. 아들을 외국으로 보냈으니 사형당할 것이 확실하오. 정신을 차려서, 포도대장에게 배교한다고 말한 것은 실수였고 배교를 취소한다고 분명히 말하시오. 그리고 순교자로 죽으시오"라고 권했다. 이 권고를 듣고 정신을 차린 김제준 이냐시오는 눈물을 흘리면서 뉘우쳤다. 그리고 형관 앞에서 배교를 취소하고 세 차례 문초를 꿋꿋하게 견뎌냈다. 결국은 잠시 피하려고 했던 승리의 팔마(Palma Victoriae)[14]를 1839년 9월 26일 당당하게 받았다.

이 부분은 이렇게 생각할 수 있습니다. 당시 김대건 신학생에 대한 신자들의 기대가 컸기에 그 신학생의 아버지에 대한 기대도 컸던 모양입니다. 이에 형조에 함께 갇힌 동료 교우들이 '신학생 아버지는 배교하면 안 된다'며 극구 말렸던 것입니다. 이러한 말을 듣자 김제준은 눈물을 흘리며 깨닫게 됩니다. '맞아, 아들이 신학생이고, 앞으로 신부가 될 건데! 그래, 신학생 아버지가 배교하면 안 되지.' 그래서 세 차례의 문초를 잘 견딘 후 순교자의 길을 걸어갔던 것입니다.

그런데 이와 같은 마음은 성직자나 수도자, 신학생을 둔 부모님이라면 말하지 않아도 알 것입니다. 인간이면 누구나 살고 싶은 마음이 있는데, 부르심의 길을 가는 자녀를 위해서라면 죽음의 길이라도 기꺼이 걸어가겠다는 마음! 부르심의 길을 걸어가는 자녀들을 위해 기도하시는 모든 분이 기쁨과 은혜를 충만하게

---

14) '승리의 팔마 가지'. 죽음으로써 믿음을 증언한 순교자들이 하느님 나라에 들어갔음을 상징하는 것을 말한다. 순교 성인화에서 손에 들고 있는 대추야자(종려)나무 가지로 표현한다.

누리시기를 빕니다.

　하늘나라에 계신 성 김제준 이냐시오와 아들 성 김대건 안드레아 신부님께 간구하며, 또한 어머니 고 우르술라께 전구를 청합니다. 이 땅의 모든 성직자, 수도자, 신학생 부모님들에게 영육간 건강을 주시라고! 주님께 자식을 봉헌한 부모님들이 건강하셔야 그 자녀들도 온전한 마음으로 부르심의 삶을 충실히 살아갈 것이니, 주님 그분들을 지켜주소서. 아멘.

김대건 신부님과
동료 신자들

본당에 가면 사목구 주임 또는 부주임이나 보좌 신부가 있고, 사목 협력자로 수도자들이 있습니다. 그런데 그 외에도 사무장이 있거나 큰 본당의 경우 사무보조원이 있고, 성당을 관리하는 관리장님이 계십니다. 그리고 주방일의 책임 맡은 주방 봉사자분들도 계십니다. 이 모든 분이 사목구 주임이 훌륭하게 사목활동을 할 수 있도록 여러 방면에서 도움을 주고 계십니다.

사실 이분들의 노력이 없으면 본당 운영은 제대로 이루어지기 힘들 것입니다. 이는 과거에도 마찬가지였는데, 특히 이 땅의 첫 사제였던 신부님의 경우에도 그랬다는 것을 분명하게 알 수 있습니다.

신학생 김대건이 부제품을 받고 조선에 몰래 입국한 후 넉 달을 지냈고, 또 상해에서 사제품을 받고 다시 입국해서 육 개월을 살았던 사제관이 한양 석정동(石井洞)에 있었습니다.

이 사제관을 지키면서 신부님께 도움을 주었던 분들이 계시는데, 바로 현석문(가롤로, 1797~1846), 김임이(데레사, 1811~1846), 정철염(가타리나, 1817~1846)입니다. 사제관에서 현석문은 사제관 전체를 관리했고(바깥주인), 김임이는 사제관 주방을 맡았으며(안주인), 정철염은 사제관의 온갖 허드렛일을 담당했습니다. 그렇다면 이분들은 어떤 분이었을까요?

사제관의 집주인이자 복사였던 현석문은 그야말로 순교자 집안 분입니다. 부친 현계흠(플로로, 1763~1801)은 신유박해 때 순교했고, 현석문의 누나 성 현경련(베네딕타, 1794~1839)는 1839년에, 아내 김 데레사(김임이와는 다른 사람)와 아들 현은석은 1840년에 순교했습니다. 그렇게 3대에 걸쳐 다섯 명이 순교하였습니다.

현석문은 박해시기 교회의 평신도 지도자로 활동하면서 교회 재건에도 헌신하였습니다. 당시 동료 교우들은 그가 "인간적으로 '덕망'이 있고, '신앙인'으로는 교회의 가르침을 꾸준히 지켰으며, 주변 사람들에게는 천주교의 교리를 잘 가르쳤다"고 높이 평가했습니다. 그리고 인간적으로 '겸손'하고 인자해서 언제나 착한 사람이라는 평가를 받았고, 타인에게 신앙의 모범이 되었다고 합니다. 또한 주변 모든 신자들로부터 사랑을 받았으며, 그의 모범적인 삶과 신앙을 찬양했다고 합니다. 그래서 그 당시 사람들 사이에서 "현석문의 신발까지도 거룩하다"는 칭찬이 나올 정도였습니다.

김임이는 김대건 신부님이 사제품을 받고 조선으로 와 순위도에서 체포되기 전까지 석정동 사제관의 주방을 담당했던 분입니다. '기해·병오 순교자 시복재판' 때 증언자로 나온 분들이 이분에 대해 증언한 내용이 남아 있습니다.

우선 김 막달레나가 증언하기를 "김임이는 신부댁 복사로 있을 때 종종 보았으니 열심 수계하여 덕행과 표양이 아름다운 사람"이라고 하였습니다. 다른 증언자인 한 바울라는 "김임이 데레사가 김대건 안드레아 신부님 댁 복사로 있을 때 교중(教衆)에 표양이 아름답고 덕행이 초월한 사람"이라고 평가하였습니다. 또 다른 시복재판 증언자인 김 가타리나는 김임이가 신부님의 사제관 일을 맡았을 때 자신에게 이런 말을 자주 했다고 합니다.

> 만일 김대건 신부님이 박해를 당해 체포되면, 나 또한 자수하여 따라 죽을 각오가 되어 있으니, 나를 오랫동안 볼 생각은 하지 말라.

이와 같은 증언으로 보면, 김임이는 사제관의 안 복사 일을 맡으면서 신부님을 헌신적으로 돌보았으며, 동료 신자들도 '신앙인으로서 덕행이 초월한 사람'이라고 평했다는 것을 알 수 있습니다. 따라서 이분이 평소 어떠한 삶을 살았는지 충분히 가늠해볼 수 있습니다. 특히 "신부님이 체포되면, 자신도 자수하여 신부님을 따라 죽을 각오가 되어 있다"고 말함으로써 신부님과 생사를 함께할 생각을 할 정도로 신부님에 대한 신뢰가 깊었음을 확인할 수 있습니다.

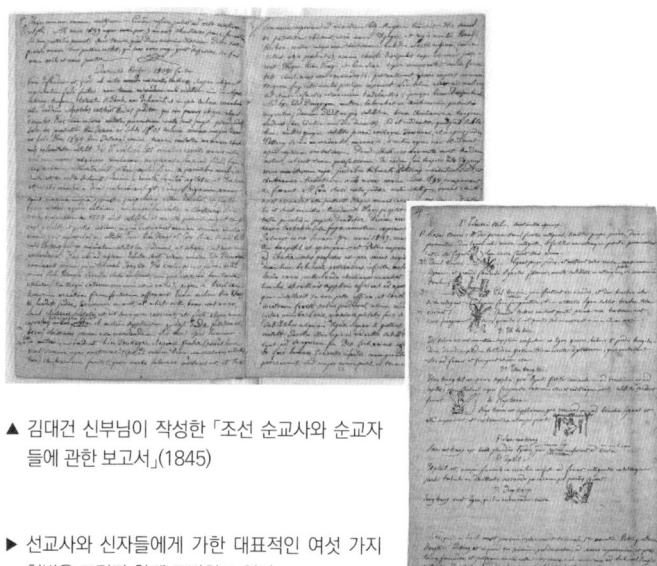

▲ 김대건 신부님이 작성한 「조선 순교사와 순교자들에 관한 보고서」(1845)

▶ 선교사와 신자들에게 가한 대표적인 여섯 가지 형벌을 그림과 함께 고발하고 있다.

사제관에서 허드렛일을 담당했던 정철염은 어릴 때 함께 살았던 집주인에게 심한 박해와 신체적 고문을 받아 온몸이 상처투성이가 되어 정상적인 활동을 하기 힘들었습니다. 그래서 주인을 피해 한양으로 올라와 한 교우의 집에 숨어살다가 1845년 사제관에서 일을 시작합니다. 일을 하는 동안 신부님이 훌륭하게 사목을 할 수 있도록 언제나 헌신적으로 뒷바라지를 했습니다.

성 김대건 안드레아는 사제로서는 비록 짧은 기간 사목활동을 하셨지만 언제나 자신을 정성껏 돌보아주는 동료 신자들을 만나면서 최선을 다해 사목을 하였습니다. 동료 신자들에 대한 마음을 서한에서 확인할 수 있습니다. 1846년에 선교사들의 서해 입국로를 모색하다가 체포된 신부님은 감옥에서 쓴 편지 속에서 동료 신자들에 관해 "포교지를 위해 봉사하던 분들"이라고 언급하였습니다. 신부님은 마음 깊이 헌신과 봉사의 삶을 살고 있는 동료 신자들의 삶을 분명히 알고 있었던 것입니다.

그렇습니다. 부제 이후 짧은 사제 생활, 즉 1년 9개월의 시간 동안 좋은 사목자가 될 수 있도록 헌신했던 분들이 있었음을 확인할 수 있습니다. 그리고 오늘날에도 많은 분들이 묵묵히 사목자의 뒷바라지를 하고 있음을 알고 있습니다. 바로 그분들의 헌신과 뒷바라지가 있기에 많은 사목자가 겸손하고, 온유하고, 지혜롭고, 강직하고, 올바른 길을 충실히 걸어갈 수 있는 것입니다.

오늘날 많은 이가 성 김대건 안드레아 신부님을

추앙하고 있지만, 신부님이 그러한 삶을 살 수 있었던 것은 누군가의 희생과 봉사가 있었기에 가능했습니다. 이는 오늘날도 마찬가지입니다. 좋은 사제 옆에는 좋은 교우들의 희생과 봉사가 있고, 그것을 통해 사제들은 보다 나은 성인 사제의 길을 걸어갈 수 있는 것입니다. 사제들은 결국 신자들의 희생과 봉사, 그리고 사랑과 기도를 먹으며 살아가는 존재임이 분명합니다.

박해시기에도 펼쳐진
한여름밤의 소박한 축제

한여름에 비가 오지 않아서 새로 조성한 수도원 주변의 나무와 꽃들이 목말라 힘겨워하는 모습을 보면서 몹시 안타까운 마음이 들었습니다. 할 수 있는 건 새벽기도를 마치고 형제들과 함께 나무와 꽃에게 물을 주는 것뿐입니다. 그렇게 형제들과 함께 풀을 뽑고, 잔디를 깎고, 주변 청소를 하다보면 힘든 하루가 다 갑니다.

 그렇게 하루를 보내고 형제들과 시원한 물 한잔이나 혹은 맥주 한 모금을 마시거나 함께 이러저런 수다를 떨다 보면 어느덧 밤이 오고, 시골 밤하늘엔 별들이 초롱초롱 빛을 냅니다. 그 반짝이는 빛을 따라가 보니 박해시기 어느 선교사가 쓴 한여름밤의 이야기가 생각 났습니다.

1845년에 갓 서품을 받은 김대건 신부님과 함께 조선에 입국한 다블뤼 신부님은 1866년 박해로 순교하기 전까지 열정적으로 선교활동을 했고, 기회가 있을 때마다 프랑스에 있는 가족들에게 자신의 조선 생활을 편지로 적어 보냈습니다. 그중 1853년 9월 18일, 경기도 손골에서 프랑스 아미앵에 있는 부모님에게 쓴 서한에는 선교사로서 선교지 신자들과 소소한 일상을 보낸 감동적인 이야기가 다음과 같이 기록되어 있습니다.

저의 교우들도 모두 더위에 지쳐서 저마다 더위를 달랠 방법을 찾아 지내고 있지요. 저는 아주 즐겁게 여름을 보냈어요. 저는 매일 해질 무렵이면 마을 입구로 나가 바람이 지나가는 길목에 서 있는 나무 밑으로 갑니다. 그리고 남자 교우들이 거의 다 나와 제 곁에 모입니다. 우리는 돗자리 위에 앉아 담소를 나누고 기분 전환을 하며 서늘한 저녁 시간을 보냅니다.[15]

---

15) '프랑스 아미앵에 있는 부모님에게 쓴 서한'(다블뤼 주교가 1853년 9월 18일, 경기도 손골에서)

박해가 조금은 진정 국면에 들어서던 1850년대 초반. 무더운 여름에 더위를 달랠 방법을 찾던 선교사와 조선인 교우들은 해질 무렵에 나무 그늘에 모여 돗자리를 깔고 앉아 평화로운 시간을 함께 보냈습니다. 그 모습은 마치 한 폭의 수채화 같습니다.

이어서 여름밤에 교우들과 소박한 잔치를 벌인 일을 이렇게 씁니다.

때로는 야식 잔치가 벌어지기도 합니다. 우리 조선인들의 잔치 음식이 무엇인지 알고 싶으세요? 가끔 고기가 나오는데 그럴 때면 사람들은 걸신들린 듯 뜯어먹지요. 또 어떤 때는 참외를 먹습니다. 이 나라에는 작은 멜론 같은 것이 있는데, 길이와 굵기는 팔뚝만하고 엉덩이만 합니다. 가격이 비싸지도 않고 소화가 안 되는 음식도 아닙니다. 프랑스 돈 3프랑 정도면 우리 마을에서는 참외 200개를 살 수 있고 그것을 실어다 주는 삯까지 해결할 수 있습니다.

더위가 가라앉은 여름밤, 함께여서 행복하기만 한

선교사와 교우들이 준비한 야식을 함께 나누는 모습이 무척 정겹게 느껴집니다. 그런 다음 좀 더 구체적인 이야기를 써놓았습니다.

어쩌다 제가 순박한 교우들과 아이들에게 한턱낸 적이 있는데, 그러면 저마다 참외를 맛있게 먹어치웁니다. 서로 누가 더 잘 먹나 시합이나 하듯 참외 200개가 사라지는 것을 보면 즐겁습니다. 아이들만 거기에 달려들어 얼굴을 파묻고 와작와작 소리를 내며 기막히게 잘 먹어대는 건 아닙니다. 부모님의 아들은 거기에 끼어들지 않고 점잖게 바라만 보고 있으리라 생각하시는지요. 그럴 리가 있겠습니까!

이 서한을 읽다가 혼자서 이런 생각을 해봅니다. '서슬 퍼런 박해시기였는데, 선교사와 조선인 교우들이 저렇게 행복한 시간을 보낼 수 있었을까!' 정말이지 의심이 들 정도로 선교사와 신자가 행복한 교감을 이루는 장면에서는 부러운 마음마저 들었습니다. 그러다 문득 박해시기에 다블뤼 신부님은 무슨 돈이 있었기에 교우들과 아이들에게 한턱을 낼 수 있었을까 하는 생각이 들었습니다. 특히 당시 교우들은 무척 가난하고 힘들게 지냈는데 신부님은 무슨 돈으로 교우들에게 한턱을 낼 수 있었을까요?

계속해서 1853년, 그 여름밤 속으로 들어가봅니다. 신부님이 한턱 낸 참외를 교우들과 아이들이 장난스럽게 먹는 모습을 상상해봅니다. 마치 흑백영화의 한 장면처럼요. 선교사와 교우들의 살갗을 시원한 바람줄기가 스치는 여름날 밤 풍경이 펼쳐지고, 풀벌레만 우는 깊은 산속에서 선교사와 신자들이 아삭아삭 참외를 먹는 모습이 너무나도 생생하게 그려집니다. 그러다 저도 군침을 꿀꺽 삼킵니다. '아, 그 순간, 모두가 얼마나 좋았을까!'

그 편지 마지막에는 이런 내용도 담겨 있습니다.

가끔은 밭에서 노래자랑 시간도 갖는데, 누가 잘하고 누가 못하고를 떠나서 그 시간은 항상 더할 나위 없이 완벽합니다. 박수 치는 청중도 있고, 유럽의 플루트 같은 퉁소나 갈대피리 따위의 악기로 노래 솜씨에 맞추어 반주를 해주기도 하니까요.

박해. 우리는 이 단어를 떠올리면 이내 곧 조선 조정의 체포령과 포졸과 교우들의 쫓고 쫓기는 추격전, 그리고 심문과 고문, 배교 혹은 신앙의 증거, 이어서 순교를 생각하게 합니다. 하지만 그런 것을 뛰어넘어 선교사를 사랑하는 교우들과 교우들을 아끼는 선교사가 보여준 인간적인 행복감이 교차되는 일상의 모습은 마음 속 깊은 묵상으로 우리를 이끌어줍니다.

'박해시기 신앙 선조들은 선교사들이 가르쳐준 하느님 나라와 그에 관한 교리만이 아니라 그들과 나누었던 인간적인 따스함과 소박함 때문에 더욱 더 천주교 신앙에 깊은 관심을 가질 수 있었겠구나! 신앙 선조들은 참 좋은 선교사와 함께하면서 박해로 인간적인 불안함과 죽음에 대한 두려움이 엄습했지만, 그것마저 이겨낼 수 있었겠구나! 평소 신앙 선조들이 선교사들과 간직했던 소중한 추억은 그 어떤 것으로도 앗아가지 못했겠구나!'

그렇습니다. 박해시기에 펼쳐진 한여름밤의 소박

한 축제는 선교사와 교우의 참된 우정으로 이어졌고, 그 우정은 신앙의 본질뿐 아니라 신앙의 가치에 소중한 확신을 가지는 데 큰 힘이 되었을 겁니다. 그 모습은 오늘을 살아가는 우리 교회에 가장 필요한 것이 아닐까 합니다.

예수님 마음을 온전히 닮은 선교사, 칼레 신부님

6월은 온유하고 겸손하신 예수님의 마음을 묵상하는 예수성심성월입니다. 그리고 이 달에는 '예수성심대축일'이 있고, 그날 교회는 예수님의 마음을 닮고자 노력하고, 교회와 이웃을 위한 봉사의 삶을 살고자 노력하는 이 땅의 모든 사제를 위한 '사제 성화의 날'을 지냅니다. 『가톨릭성가』 199번 '예수 마음 겸손하신 자여 …' 와 『가톨릭성가』 300번 '사제의 맘은 예수 맘, 우리를 애써 돌보시며 … ' 노래 가사를 생각하며 사제의 삶은 결국 예수님을 닮으려 노력하는 것임을 묵상합니다.

예수님을 닮은 사제의 마음! 지금까지 교회 역사에서 예수님을 닮으려 노력한 사제가 많이 있습니다. 그분들 중에 박해시기 선교사로 조선에 입국했고, 모진 박해 때 가까스로 목숨은 건져 조선을 탈출했으며, 또 다시 선교를 위해 조선 입국을 시도하다가 건강상의 문제로 프랑스로 돌아간 후, 남은 생애를 온전히 조선 교우들을 위해 기도하며 사셨던 분이 계십니다. 바로 칼레(Calais Alphonse, 강, 1833~1884) 신부님입니다.

1860년대, 조선 천주교회는 성 베르뇌 주교님과 동료 선교사들의 노력으로 신입 교우가 증가하면서 성사생활을 맡아야 할 선교사제의 증원이 절실히 필요했습니다. 이에 파리외방전교회는 칼레 신부님과 리델 신부님을 조선으로 파견합니다.

두 신부님은 1860년 7월 25일, 프랑스를 떠나 선교지 조선을 향해 출발하여 1861년 3월, 이미 파견되어 조선 입국을 기다리던 조안노 베드로(Pierre Marie Joanno, 오, 1832~1863) 신부님·랑드르 요한(Jean-Marie-Pierre-Éliacin Landre, 홍병철, 1828~1863) 신부님과 중국에서 합류합니다. 그런 다음 네 명의 선교사는 체푸(Chefoo, 중국 옌타이烟台 시의 옛 이름 지부(취푸芝罘)를 서양식으로 표기)를 떠나 '모린도'에서 베르뇌 주교가 보낸 교우 김 안토니오의 도움으로 조선 입국에 성공하여 1861년 4월 7일에 서울에 도착합니다.

그 후 칼레 신부님은 '성모 취결례 구역'이라 명명된 경상도의 서쪽 지역을 맡아 사목을 하던 중 병인년(1866) 대박해가 발발합니다. 그 결과 선교사 열두 명 중 아홉 명이 순교를 하고, 칼레·리델·페롱(Stanislas Feron, 권, 1827~1903) 세 명이 가까스로 살아남습니다. 당시 칼레 신부님은 문경 지역의 한실 교우촌과 여우목에 계셨는데, 그곳 교우들의 도움으로 체포를 면하고 3개월 동안 은신합니다. 특히 복자 박상근 마티아(1837~1867)의 집에 숨어 지내던 중 발각되자 다른 은신처로 향하는 산속에서 두 사람이 헤어질 때 보여준 사랑과 존경의 감동적인 이야기는 우리의 눈시울을 붉히게 만듭니다.

그 해 10월, 칼레 신부님은 페롱 신부님와 함께 장치선(1810~1868) 등 조선 교우들의 도움으로 중국으로 탈출했고, 그렇게 살아남은 칼레 신부님은 여러 차례 조선 입국을 시도합니다. 때로는 육로를 통한 재입국 방법을 찾기 위해 1868년 9월에는 요동 지역의 양관(陽關) 성당에 체류합니다. 그런 와중에도 칼레 신부님은 '제2차 조선교구 성직자회의' 개최를 제안하여, 1868년 11월 21일부터 12월 8일까지 요녕성 차구(岔溝)의 성모설지전성당에서 회의를 합니다. 이때에 다룬 안건이 박해로 인한 조선 교우들의 배교와 성사 문제였음을 볼 때, 신부님의 관심과 걱정은 오로지 조선 선교와 조선 교우들뿐이었다는 것을 알 수 있습니다.

칼레 신부님이 부모님께 보낸 편지(1863.10.26.) 이 편지에는 '무당'과 '하날의 계신 우리드의 아비신(하늘에 계신 우리들의 아버신)'이라는 한글 표기가 나온다.

이처럼 몸은 죽음에서 탈출했지만, 마음은 조선에

두고 온 칼레 신부님은 "본국을 떠나 외지로 가서(Ad extra), 하느님을 모르는 사람들에게 복음을 전하며(Ad gentes), 이 선교 사업을 목숨을 다할 때까지(Ad Vitam) 한다"는 파리외방전교회의 삶의 자세를 철저히 유지하였습니다. 그러나 칼레 신부님은 조선에서 박해가 일어날 당시 전염병에 걸렸고, 겨우 회복 중인 상태에서 3개월을 도망치며 숨어 살았기에 건강이 무척 악화되었습니다. 이는 1869년에 프랑스로 먼저 귀국했던 페롱 신부님이 칼레 신부님에게 보낸 편지에서 알 수 있습니다.

병 때문에 사명을 완수할 수 있을까 심히 염려되니 내 의견을 들어줄 수 있다면 곧장 프랑스로 돌아오기를 바라오.

또한 당시 만주대목구장인 베롤(Emmanuel Jean François Verrolles, 1805~1878) 주교님도 유명한 의사를 보내어 칼레 신부님을 진찰하게 했는데, 당시 의사의 소견은 다음과 같습니다.

가급적 빠른 시일 내에 프랑스로 되돌아가야 한다. 이는 생사가 달린 문제다.

이에 칼레 신부님은 조선 선교사의 생활은 마감하고 1869년 5월 초, 요녕에서 배를 타고 상해로 간 다음, 유럽으로 가는 여객선에 올라 고국 프랑스로 돌아갑니다. 프랑스에 도착 후 칼레 신부님은 평생을 조선 교회와 교우들을 위해 기도하며 살려는 의도로 수도 생활을 선택, 시토회(트라피스트회) 수도원으로 찾아갑니다. 신부님은 거기서 "수련수사의 삶을 살겠다"는 원의를 표하지만, 원장 신부님은 열병으로 시달리고 있는 가련한 선교사의 허약해질 대로 허약해진 건강 상태를 보고 그 원의를 받아들이지 않습니다.

수도회 입회의 꿈이 좌절된 칼레 신부님은 1871년부터 1878년까지 로렌 지방의 교구 신부로 생활합니다. 신부님은 교구 신부로 충실히 살면서 언제나 조선 교회와 교우들을 위해 기도했고, 심지어 조선 선교지에 대한 금전적인 후원을 아끼지 않았습니다. 교구 신부로 사는 동안에도 수도생활에 대한 열정이 식지 않았던 신부님은 1878년에 트라피스트 수도원을 찾아갑니다. 입회 전 칼레 신부님은 홀쭉한 얼굴, 깡마른 체구와 고통에 찌는 모습으로 건강 상태는 나빴지만, 그가 보여준 성덕은 모든 것을 보상해주었습니다. 그래서 마침내 칼레 신부님은 수도회 입회가 허락되었고, '마리아 수사'라는 수도명을 받게 됩니다.

　수도생활 중에도 언제나 조선 교우들을 위해 기도하던 신부님이었지만 건강 문제가 신부님을 힘들게 했습니다. 그렇게 건강 상태가 악화와 호전을 반복하는 가운데 신부님은 1883년 11월 11일에 트라피스트의 정식 수도가가 되는 성대 서원을 합니다. 그 후 1884년 2월 8일, 몽뗄리마르의 모벡 수녀원의 지도 신부로 파견되어, 그곳 수녀님들의 영적인 사정을 돌보아주다가 3개월 뒤인 5월 11일 '주님승천대축일' 아침에 조선 선교사로, 프랑스 교구 신부로, 마침내 수도회 수사 신부로 주님의 품에 영원히 잠들게 됩니다.

　저는 제게 맡겨진 귀한 조선을 더없이 사랑합니다. 만일 이 땅이 하느님을 섬기는 나라가 되게 하도록 저의 부족한 삶을 희생해야 한다면, 저는 기꺼이 저의 삶을 바치겠습니다.

1861년 10월 30일, 경기도 손골에서 쓴 위의 편지 내용처럼 칼레 신부님은 조선을 선교 임지로 배정받은 그날부터 마지막 죽는 순간까지 조선 교회와 교우들을 끝까지 사랑했고, 언제나 기도하며 살았습니다. 이 같은 신부님의 삶은 인간을 끝내 사랑하신 예수님 마음을 온전히 닮았음을 알 수 있습니다. 조선 선교사로서 조선인 교우들과 마지막까지 함께하지는 못했지만, 이역만리 떨어진 곳에서 평생 조선 교회와 교우들을 위해 기도의 삶을 사셨던 신부님의 마음은 '순교 사제' 못지않게 '선교 사제'로서 훌륭한 본본기를 보여주었습니다.

'칼레 신부님, 지상에서 뿐 아니라 천상에서도 저희 한국 천주교회를 위해 하느님께 빌어주소서, 아멘.'

벗을 위하여
자기 목숨을 바친 사랑
-김휘중 요셉 신부

예전에 코로나19가 한창 기승을 부릴 때 이 전염병이 언제나 종식될지 꽤나 걱정을 했습니다. 그러면서 문득 이 팬데믹(pandemic)이 훗날 어떻게 기억될까 생각해보았습니다. 사실 팬데믹은 이전에도 있었습니다. '1918년 인플루엔자 바이러스 A'(H1N1), 흔히 말하는 '스페인 독감'(Spanish flu)이 발생하였고, 당시 세계 인구의 3분의 1인 약 5억 명이 감염되어 5천만 명 안팎이 숨진 것으로 추정하고 있습니다.

　1918년 독감으로 가장 피해가 컸던 나라는 1천만 명 넘게 사망한 인도였고, 세계 많은 나라에서 감염자가 집단적으로 발생하였습니다. 특이한 점은 코로나19와 달리 젊은 층의 사망률이 높았다고 합니다. 사망자 대부분의 연령층은 65세 이하였고, 20~45세가 전체 사망자의 60퍼센트를 차지했습니다. 1918년 인플루엔자는 우리나라 역시 비껴가지 않았습니다.

일제의 조선총독부 강점 당시 한국에서는 이 유행병을 '무오년 독감'(戊午年毒感) 또는 '서반아 감기'(西班牙感氣)라고 불렀습니다. 이 독감은 1918년 겨울부터 1919년 봄에 이르기까지 본격적으로 유행했습니다. 1919년 3월, 당시 조선총독부 기관지였던 「조선휘보」에서 발표한 내용을 살펴보면(김택중, 2020), '1918년 인플루엔자 바이러스'로 인해 조선의 전체 인구 1천759만 명 중 755만 6천 명의 감염자가 발생했고, 그 가운데 14만 527명이 사망했다는 기록이 있습니다.

그중에서도 천주교 측 피해를 살펴보고자 했더니, 특별히 남아 있는 자료는 없었습니다. 그래서 이 시기를 중심으로 당시 교회 잡지의 기사를 검색해 보았더니 『경향잡지』 1919년 기사에서 당시 서울대목구의 김휘중 신부님, 샬트르 성바오로 수녀회의 강 제르트루다 수녀님과 신 마르타 수녀님이 1918년 독감으로 선종했다는 기록을 발견할 수 있었습니다. 세 분의 선종 기사를 찾아 읽어보는데, 읽는 내내 마음이 아팠습니다.

김휘중 신부님은 1884년 음력 3월 7일, 6남매 중 외아들로 태어났습니다. 당시 독자는 신학교 입학이 허락되지 않을 때였는데, 연세가 많은 신부님의 부모님16) 신앙이 독실한 관계로 1902년 9월 13일에 소신학교에 입학할 수 있었습니다. 그 후 몸이 약했던 신부님은 입학 후 15년 뒤인 1917년 9월 22일에 사제품을 받습니다.

신부님의 첫 부임지는 경기도 고양의 행주성당이었습니다. 이내 본당 교우들의 숫자는 많지 않고, 그나마 냉담하는 교우들이 많다는 사실을 파악했습니다. 그래서 지역 내 교우들 집을 일일이 방문했습니다. 심지어 비오는 날에도 나막신을 신고 가정 방문을 다니곤 하였는데, 그때 많은 냉담자가 회심하였다고 합니다.

때로는 먼 지역에 있는 교우들을 만나기 위해서

---

16) 김휘중(요셉) 신부님의 부친은 김낙호(야고보)이며, 천주가사인 '자신책가'(自身責歌)의 저자로, 16세의 나이로 배론 성지가 있던 구학리 지역 공소회장을 지냈다. 모친 최 안나는 최양업 신부님의 넷째 동생인 최신정의 딸이었다.

봇짐을 메고 방문하여 그 지역 신자들이 성사생활을 할 수 있도록 노력했습니다. 그렇게 1년 4개월 동안 헌신적으로 본당 사목 활동을 하신 신부님은 관할 구역 내에서 병환 중에 있는 신자 아홉 명에게 병자성사와 영적인 위로를 주게 됩니다. 그런데 거기에서 독감에 걸리고 만 것입니다.

2~3일 동안 지독하게 앓던 신부님은 마지막 미사를 드리고 싶었던 모양입니다. 선종 전날 밤에는 매섭게 겨울바람이 몰아쳤습니다. 홀로 성당에 가서 미사를 드린 후 기진맥진한 채로 성당을 나온 후, 한기근(바오로, 1868~1939) 신부님에게 종부성사를 받고 하느님 품으로 떠나셨습니다. 그날은 사제서품 받은 지 1년 4개월 되는 1918년 11월 12일이었고, 선종 시각은 오전 7시 30분이었습니다.

신부님의 가족이 강원도에 살고 있었기에 장례미사를 11월 16일로 정합니다. 그런데 당시 교구장인 뮈텔 주교는 전염의 위험성 때문에 11월 14일에 장례를 치르고, 용산 예수성심 신학교 학생들도 장례에 참석하지 말라고 명합니다. 이에 신부님의 가족과 친척이 강원도에서 도착하기 전, 용산신학교 교장 기낭(Pierre Guinand, 진보안, 1872~1944) 신부님과 한기근 신부님, 그리고 신부님의 조카 신학생 정 루카 등이 행주성당에 가서 장례미사와 모든 예식을 치렀습니다. 장지는 한강이 내려다보이는 행주산성 근처 마을 공동묘지였다가 1년 뒤 용산 성직자 묘역으로 이장하였습니다.

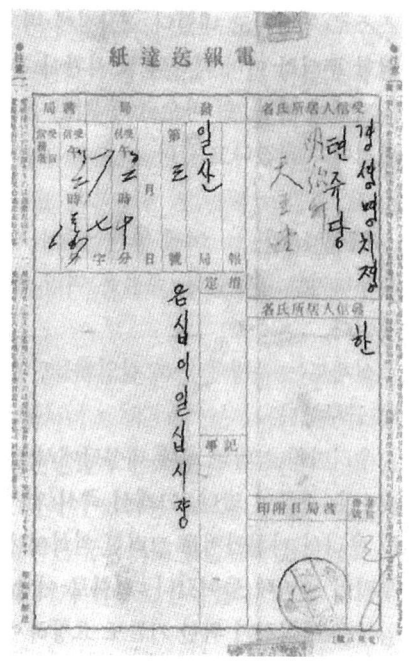

김휘중 신부 장례가 1918년 11월 15일 10시로 정해졌다는 한기근 신부가 뮈텔 주교한테 보낸 전보. 그렇지만 실제 장례는 하루 전인 11월 14일에 치러졌다.

사제로 발령받은 첫 본당에서 채 1년 반도 되지 않는 짧은 기간 사목활동을 펼치다 병자성사를 주는 도중에 유행성 독감에 감염되어 하느님 품으로 가신 김휘중 신부님의 부고는 잡지를 통해 널리 알려집니다. 기사를 접한 전국의 많은 신자들은 눈물을 흘리며 애통해하는 마음으로 신부님의 연미사를 드려주었다고 합니다.

1918년 독감으로 고통 속에 잠긴 본당 환우들의 집에 병자성사를 주러가신 신부님의 마음을 헤아려봅니다. 1919년 초는 일제의 무단통치 시절이었고, 일본 경찰들은 전염병 환자를 찾아내겠다는 명목으로 집집마다 쳐들어가 강압적이며 폭력적인 방식으로 환자 색출을 시도했습니다. 그래서 조선인들은 일제의 이런 방식에 비협조적으로 대응해오던 터였습니다.

그처럼 1918년 독감이 모두를 불안에 떨게 할 때에, 또한 전염병으로 죽음에 대한 두려움과 질병에 대한 공포가 엄습하던 때에 신부님은 아픈 신자들의 집을 직접 찾아나섰던 것입니다. "친구를 위하여 목숨을 내놓는 것보다 더 큰 사랑은 없다"는 주님의 말씀을 묵상케 합니다.

신부님이 살아계실 때 지은 천주가사 '폐헌가'에 착한 목자의 삶이 그대로 담겨 있습니다. 규칙적인 4·4조로 '그리스도교적인 자연관'이 잘 드러난(강영애, 2011) 이 가사를 묵상하며 자연과 인간을 사랑했던 한 젊은 사제의 모습을 떠올립니다. 우리도 신부님이 즐겨 불렀을 '폐헌가'를 읊조리며 힘들고 어려운 삶을 헤쳐나갈 지혜를 청해보면 어떨까요? 어쩌면 이 순간, 하늘나라에 계신 신부님도 질병을 비롯한 여러 고통으로 힘겨운 삶을 살고 있는 우리를 위해 간구해주실 거라는 생각을 하게 됩니다.

어허우리 청취자여 일심으로 합의하여
주대전에 들어서서 결속노래 하여볼까
들어가세 들어가세 사시장톤 하강하는
수중반열 도원중에 화륙차로 들어가서
비무장의 꽃구경을 가지가지 노래할까
봄바람은 슬슬불고 가는비는 슬슬오니
복숭아의 꽃방울은 봉울봉울 피어있고
살구나무 행화잎은 불그스레 웃음웃고

거기에 있었구나, 교우촌!

얼마 전에 44명의 신자 분들과 함께 '주제가 있는 순례-교우촌을 찾아서' 프로그램을 다녀왔습니다. 몇 달 전 길도 모르는 제가 신자 분들을 모시고 교우촌을 찾아가는 프로그램을 진행했다가 결국 찾지 못하고 돌아온 경험이 있었습니다. 그래서 이번에는 그 지역을 전문적으로 연구하는 선생님에게 길 안내를 미리 의뢰해 두었습니다.

우리 일행은 아침 7시에 출발에서 버스로 세 시간을 달려서 약속 장소로 갔고, 안내자 선생님이 마중을 나오셨습니다. 그리고 더 반가운 것은 그 지역을 관할하는 본당 신부님께서도 우리와 동행을 하시겠다고 나오셨습니다. 모두 가볍게 인사를 나눈 후 교우촌의 흔적과 자취가 남아 있는 목적지로 출발했습니다. 편리하고 신속한 고속버스, 산행을 잘할 수 있는 전문 복장과 신발을 갖추고 가벼운 마음으로 걸었습니다. 그러다 산길 중간 쉬는 시간에 안내자 선생님이 다음 이런 이야기를 나누어주셨습니다.

형제, 자매님들. 지금 어떤 마음으로 교우촌을 찾아가시는지요? 마음을 더 단단히 먹어야 합니다. 왜냐하면 교우촌이라고 하면 말이 촌이지 박해시대 우리 신자들이 살았던 교우촌은 사람이 살 수 없는 곳입니다. 박해시대에 천주교 신자에 대한 체포령이 내려졌을 때, 포졸들은 신자들이 사는 곳을 수색하였습니다. 그때 누군가 지금 우리가 찾아가려는 곳의 이름을 대면서 거기에 교우촌이 있지 않을까 물었을 때, 다른 포졸들은 이렇게 말했을 겁니다. "그곳은 짐승도 살 수가 없는 곳인데 사람이 어떻게 살 수 있겠어!" 그런데 놀라운 것은 바로 그곳에 우리 천주교 신자들이 교우촌을 이루고 살았다는 겁니다. 그러므로 지금 여러분들이 가는 곳은 길도 없고, 온통 가시덤불이라 무척 힘들고 불편할 것입니다.

실제로 우리 일행은 길 없는 길을 두 시간 동안 걸었습니다. 그러다보니 자연히 기도가 나올 수밖에 없었습니다. 가끔 길옆으로 벼랑 같은 것이 보이고. 작은 계곡과 돌밭을 지나기도 했고, 온통 가시덤불이 지천인 곳을 걷고 또 걸었습니다. 바지와 티셔츠 여기저기 실밥이 터지고 뜯어지고 찢어졌습니다. 혹시 모를 위험에 대비하기 위해 두 손을 비워두어야 했기 때문에 묵주기도를 바치지 못하고 그저 입으로만 중얼중얼 기도를 바쳤습니다. 어느덧 다 온 것 같았습니다. 아주 오랜 시간의 흔적이 남아 있는 집터가 보였기 때문입니다. 속으로 여긴가 싶었습니다. 그러나 아니었습니다. 그곳은 그 옛날 동학 농민들의 주거지였답니다.

다시금 한참을 걸었습니다. 그렇게 걸었더니 또 다른 집터가 나왔습니다. 이번에는 맞겠다, 바로 여긴가 보다 싶었더니, 아니었습니다. 거기 보이는 집터는 화전민들의 흔적이 남아 있던 곳입니다. 생각보다 훨씬 많이 걸었고 그만큼 힘들었습니다. 또 걷고 또 걷다 보니 길이 몹시 미끄러웠습니다. 저도 저지만 함께 걷는 동료들 걱정하느라 앞을 보고, 뒤를 보면서 가다 보니 이 사람 미끄러지는 소리, 저 사람 옷 찢기는 소리가 들려와서 걱정이 이만저만이 아니었습니다.

그렇게 걷다가 문득 한국 이름이 김보록인 파리 외방전교회 선교사 로베르 신부님의 교우촌 사목 방문 이야기가 생각이 났습니다. 로베르 신부님은 1876년 12월 23일 파리외방전교회에서 사제품을 받은 후 1877년 1월 25일 동료 신부님들과 함께 한국을 향해 떠납니다. 그리고 많은 위기를 겪고 나서 1877년 9월 23일 황해도 장연 앞바다에 도착합니다.

그 후 신부님은 당시 조선 교구장인 리델 주교님으로부터 강원도 이천(伊川)으로 가라는 명령을 받습니다. 그런데 1878년 음력 정월 초에 리델 주교의 투옥 사실을 전해 듣고 곡산(谷山) 산중으로 피신합니다. 당시 로베르 신부님의 개인 편지에는 이러한 내용이 담겨 있습니다.

전번 신자 방문은 하느님의 특별한 섭리의 보호하심으로 무사히 마치고 돌아왔다고 말씀드릴 수 있겠습니다. 8개월이라는 긴 여행 동안 숙박할 만한 곳도 없는 지방을, 때로는 허리까지 쌓인 눈 속에 이루 말로 표현할 수 없는 험한 길로 400리 이상을 걸어서 다녔습니다. 지난겨울에는 얼마나 큰 폭설이 내렸던지 평지에 60센티미터 이상 쌓여 있었고, 바람이 휘몰아친 협곡(峽谷)에는 2~3미터의 눈이 쌓여 있었습니다. 게다가 영하 21~25도라는 혹한을 감안해주십시오.

1월 20일경 본인은 혹심한 추위 속에 객사할 뻔했습니다. 신계(新溪) 공소에 있는 교우들을 방문하러 가는 길이었는데, 거센 눈보라가 회오리바람이 되어 내 입 속까지 들어와 호흡도 할 수 없을 정도였습니다. 수염은 얼음덩이가 되어 콧구멍까지 올라오는 것이었습니다. 그때 교우들이 우리 일행을 마중 나와 주지 않았더라면 아마 그대로 죽고 말았을 것입니다.

그들은 마침 따뜻한 술을 가져왔으므로 그것으로 겨우 의식을 회복해서 생명을 건질 수 있었습니다. 그러나 결국은 발에 동상을 입고 말았습니다. 도착해서 신을 벗으려 하니 양말이 짚신과 살가죽에 꽁꽁 얼어붙어서 뗄 수가 없어, 뜨거운 화롯불에 녹여야만 했는데 얼마나 괴로웠는지 모릅니다. 하지만 매우 기뻤습니다. 발가죽이 세 번이나 완전히 벗겨졌지만 상처는 빨리 아물었습니다. 물론 그때 받은 고통은 오래갔습니다. 여하튼 8개월 동안 겪은 본인의 고통과 빈곤에 관해서는 이만 해두겠습니다. 본인의 건강은 평소 꽤 좋은 편입니다. 그 덕택으로 그토록 깎아지른 절벽도 잘 기어 올라갈 수 있었고, 그 험한 산 중에서 감자와 도토리로 연명해가며 은신해 있던 수많은 교우들에게 성사집행을 해줄 수 있었습니다.

그 같은 극한 상황에도 불구하고 그들은 모두 즐겁고 기쁘기만 합니다. 왜냐하면 현재 상황에서 그들은 가장 가난하고 철저한 인내심을 몸소 먼저 보여주신 예수님을 본받아 살아갈 수 있기 때문입니다.

1866년 병인박해 이후 깊은 산속에서 숨어 지내고 있는 교우촌을 찾아 사목 방문을 떠난 선교사의 마음을 생각해봅니다. 허리까지 쌓인 눈과 말로 표현할 수 없는 험한 길로 400리 이상을 걸어 다니는 모습을 떠올려봅니다.

폭설과 눈보라 휘날리는 바람, 그리고 영하와 혹

한의 추위. 그럼에도 불구하고 깎아지른 절벽과 험한 산길을 걸으며 신자들을 찾아서 그들을 만나러 가는 사제의 모습을 묵상해봅니다. 결국 동상 걸린 발과 신을 벗을 때 양말이 짚신과 살가죽에 꽁꽁 얼어붙어서 뗄 수가 없어 뜨거운 화롯불에 녹여야만 하는 모습. 바로 그러한 곳에 우리 교우들이 살고 있었습니다. 그리고 교우들은 그 매서운 추위 속에서 자신들을 찾아오는 선교사 일행을 기다리며 마중 나왔던 것입니다.

편지 내용을 통해 당시 교우촌은 깎아지른 절벽 너머에 있었고, 험한 산 중에 있었다는 사실을 알 수 있습니다. 또한 교우촌의 주된 식사는 감자와 도토리였다는 것도 알 수 있습니다. 그런데 더 인상적인 것은 그토록 극한 상황임에도 불구하고 교우촌에서 생활하는 신자들 모두는 그저 하느님 안에서 즐겁고 기쁘기만 했다는 것입니다. 그 이유에 대해 신부님은 "그곳 신자들이 가장 가난하고 철저한 인내심을 몸소 먼저 보여주신 예수님을 본받아 살아갈 수 있기 때문"이라고 적어놓았습니다.

다시 교우촌을 찾아가는 제 모습을 돌아봅니다.

눈요기 할 것조차 없는 순례, 즉 교우촌을 찾아가는 이 힘든 프로그램을 선택하여 함께 걷는 우리 일행들의 모습을 앞에서 뒤에서 바라보았습니다. 그런데 놀라운 것은 신자 분들 모두가 힘든 기색 하나 없이 소곤소곤 거리고 깔깔거리며 이 길을 걷고 있었습니다. 그리고 서로 마음 따스한 수다로 힘겨움을 풀어주고 있었습니다. 지금 내 옆에 사랑하는 형제자매들이 함께 있는 것만으로도 좋다는 표정이었습니다.

마침내 교우촌에 도착했습니다. 그냥 눈물이 울컥 났습니다. 짐승도 살지 못할 정도로 울창한 수풀만 가득한 곳. 하지만 오로지 하느님만 바라보며 살아가는 곳. 정말 아무것도 없는데, 순간 하느님만 있었습니다. 그리고 여정을 함께 걷는 형제자매들하고. 교우촌, 바로 거기에는 하느님과 사랑하는 형제만 있었습니다. 교우촌 거기에는, 오로지 그분과 그분을 닮은 사랑만 있었습니다.

제4부
순교에 대한 짧은 단상

124위 복자에게 배우는 순교영성

2014년 8월 16일, 서울 광화문 광장에서 프란치스코 교황 주례로 124분의 조선 교회 순교자들에 대한 시복식이 거행되었습니다. 그날, 교황의 시복 미사 강론 내용은 모두의 가슴을 뛰게 만들었습니다. 강론 전반부에서 교황은 124분의 복자들은 한국 천주교회가 교회의 여명기 정신으로 돌아갈 기회를 주었기에, 그들로부터 받은 '애덕의 유산'을 잘 간직하고 지켜나갈 것을 촉구했습니다.

복자 바오로와 그 동료들을 오늘 기념하여 경축하는 것은 한국 교회의 여명기, 바로 그 첫 순간들로 돌아가는 기회를 우리에게 줍니다. … 여러분의 선조들에게서 물려받은 신앙과 애덕의 유산을 보화로 잘 간직하여 지켜나가기를 촉구합니다.

이어서 교황은 강론 중반부에서 124분의 복자들은 당시 시대적 상황 속에서 애덕 실천의 중요성에 대한 가르침의 유산을 우리에게 주었음을 상기시키며, 이를 보화로써 잘 간직하여 오늘날에도 지켜나갈 것을 강조했습니다.

순교자들은 그들의 모범으로, 신앙생활에서 애덕의 중요성에 관한 가르침을 우리에게 줍니다. … 그리고 마침내 당대의 엄격한 사회 구조에 맞서는 형제적 삶을 이루도록 그들을 인도하였습니다. … 그리하여 그들은 형제들의 필요에 지대한 관심을 기울이게 되었던 것입니다.

그리고 강론 마지막 부분에서 교황은 124분 복자들의 신앙은 궁극적으로 "애덕과 모든 이를 향한 연대성"을 증언했음을 언급하셨습니다.

오늘은 모든 한국인에게 큰 기쁨의 날입니다. … 그들이 증언한 애덕과 모든 이를 향한 연대성, 이 모든 것이 이제 한국인들에게 그 풍요로운 역사의 한 장이 되었습니다.

시복식 이후에도 이 강론을 수십 번 읽었고, 읽을 때마다 깊은 감동을 느꼈습니다. 교황님께서 강론을 통해 강조하셨던 것 역시 우리 모두가 124분 복자의 삶과 신앙을 통해 '애덕 실천의 삶'에 초점을 맞추어 살아갈 것을 당부하셨음을 알 수 있습니다.

사실 124분의 시복 관련 자료집을 읽어보면, 그분들의 천주교 신앙에 대한 인식, 향주삼덕에 관한 확신, 하느님을 향한 열정과 예수 그리스도를 따름, 순교에 대한 원의, 그리고 천주교 신자로서 묵상과 기도에 철저했던 모습도 살필 수 있습니다. 중요한 것은 그러한 내용들의 밑바탕에는 궁극적으로 124분의 신앙과 삶 안에는 애덕 실천이 그 토대를 이루고 있음을 알 수 있습니다.

서울 광화문 광장에서 윤지충 바오로와 동료 123위 순교자의 시복식이 열렸다.
(2014.08.16)

　이처럼 124분 복자들의 삶과 신앙을 통해서 드러난 애덕 실천은 천주교가 전파되던 18~19세기 조선시대의 상황과 대비해보면 그 가치를 확인할 수 있습니다. 우선 당시는 경제적인 문제가 사회 안에서 크고 작은 갈등의 원인이 되던 때였습니다. 설상가상으로 농업 기술이 발달함과 동시에 오히려 노동력이 감축되는 결과를 가져와 많은 백성들이 유민(流民), 즉 떠돌이로 전락해버렸습니다.
　더욱이 조선 조정의 과도한 조세 징수와 지방관들의 부패, 그리고 가뭄과 홍수로 인한 자연재해로 발생한 흉년, 재앙에 가까울 정도의 역병(疫病) 등은 일반인들의 삶을 더욱 궁핍하게 만들었습니다. 이러한 상황에서 124분의 복자들은 자신들의 삶의 자리에서 애덕 실천의 삶을 묵묵히 사셨던 것입니다.

예를 들어 복자 원시장(베드로, 1732~1793)은 평소 가난한 이들에게 자기 재산을 나누면서 그들의 궁핍한 삶을 구해주었으며, 복자 원시보(야고보, 1730~1799)는 천주교에 입교한 후 적지 않은 자기의 재산을 가난한 사람들을 돕기 위하여 쓰겠다고 맹세했고, 그래서 그의 하루 일과는 가난한 사람들을 찾아 그들에게 희사를 하는 일이었다고 합니다.

복자 김사집(프란치스코, 1744~1802)은 자신이 가진 재화를 다른 사람들과 나누는 애덕 실천뿐 아니라 자신의 부모에 대한 효성도 극진히 수행하며 살았습니다. 신체장애와 가난한 삶을 살았던 복자 김시우(알렉시오, 1783~1816)는 동료 신자들의 애긍으로 자신의 삶을 유지하고 있었기에 그들의 도움에 대한 감사의 마음으로 천주교 서적을 필사해서 나누어주었습니다.

복자 조숙(베드로, 1786~1819)과 복자 권천례(데레사, 1783~1819) 부부는 몹시 가난하여 자신들의 생활 용품도 부족한 처지였지만, 궁핍함을 기쁘게 감내하면서 동시 절약의 삶을 통해 더 가난한 이들에게 애긍 실천의 삶을 살았습니다. 복자 최조이(바르바라, 1790~1840)는 물질적인 나눔뿐 아니라 정신적으로 고통을 받는 이들에게도 관심을 가지고 그들의 마음을 위로해주었습니다. 복자 이재행(안드레아, 1776~1839)은 천주교 때문에 체포된 후 감옥에 갇혀 지내는 동안 먹을 것을 마련하고자 짚신을 만들었고, 거기서 나오는 수입 중에 정작 본인은 매일 한 끼만 먹었고, 그 나머지를 옥에 갇혀 굶주리는 이들에게 나누었습니다.

　복자 박취득(라우렌시오, 1769~1799)은 심문 중에 애덕 실천의 삶을 이해하지 못하던 관장에게 이렇게 말했습니다.

얼마 안 되는 제 재산을 헐벗고 곤궁한 처지에 있는 사람들을 돕기 위해 쓰고 있으니, 그것은 재산을 쓸데없이 낭비하는 것이 아닙니다.

애덕과 나눔의 삶에 대한 이러한 주장을 통해 복자 박취득은 당시 천주교 신자들의 나눔 실천의 생활을 가지는 중요성을 옹호했던 것입니다.

1784년 천주교 신앙공동체가 형성된 이후 천주교 신자들이 보여준 애덕 실천의 삶은 천주교에 대한 관심으로 이어져 1786년, 즉 천주교가 전파된 지 2년 남짓 한 후에는 양반 계층뿐 아니라 중인과 평민, 그리고 천민 계층에까지 확산되는 계기가 됩니다. 이러한 상황에 대해서 당시 천주교 배척론자인 이만채(1692~?)는 『벽위편』에서 천주교에 대한 백성들의 분위기를 이렇게 묘사했습니다.

(1786년) 요사이 듣자 하니 호우(湖右) 일대가 거의 집집마다 전파되어 읽히고 있는데, 언문으로 번역하고 베껴서 부녀자와 아이들에게까지 미쳤다고 한다.

또한 『정조실록』에서도 다음의 내용이 기록되어 있습니다.

정언 이경명(李景溟)이 상소하기를 … 근년에 성상의 전교에 분명히 게시(揭示)하였고 처분이 엄정하셨으나, 시일이 조금 오래 되자 그 단서가 점점 성하여 서울에서부터 먼 시골에 이르기까지 돌려가며 서로 속이고 유혹하여 어리석은 농부와 무지한 촌부(村夫)까지도 그 책을 언문으로 베껴 신명(神明)처럼 받들면서 죽는다 해도 후회하지 않으니, 이렇게 계속된다면 요망한 학설로 인한 종당의 화가 어느 지경에 이를지 모르겠습니다.

1791년 진산에서 일어난 복자 윤지충과 복자 권상연의 순교 이후에는 천주교 신자 구성에도 변화가 일어납니다. 다시 말해서 1791년 박해는 공식적인 천주교 박해였고, 신앙 때문에 죽음을 맞이한 교우들이 발생했음에도 불구하고 천주교 신앙은 위축되거나 소멸되지 않았습니다. 오히려 신분과 남녀, 직업의 차이를 넘어 천주교 신자들 사이에서 교우촌, 다시 말해서 새로운 신앙공동체가 구성되는 계기가 된 것입니다. 이처럼 천주교 신앙 확산의 결정적인 계기가 된 것은 바로 124분 복자들이 보여준 애덕 실천의 삶이었습니다.

그러나 124분 복자들이 보여준 '애덕 실천과 나눔의 행위'는 천주교에 대한 박해자들의 공격의 빌미가 되었습니다. 조선 조정과 천주교 박해자들은 천주교가 '천당지옥설'(天堂地獄說)로 일반 백성들을 혼란스럽게 한 후에 그들을 사학(邪學)의 무리 안으로 모집하고 있으며, 천주교 신자들은 통화통색(通貨通色)의 집단이라 단정해버립니다. 다시 말해서, "천주교 신자들은 재화의 유통으로 물욕을 충족시키고, 색의 유통으로 성욕을 충족시키는 집단으로 규정"한 것입니다.

이를 통해 박해자들이 천주교 신자 공동체를 통화(通貨) 집단으로 치부한 것은 천주교 신자들의 애덕 실천의 삶을 제대로 이해하지 못한 채, 천주교인들은 재산을 무분별하게 나눔으로써 '게으른 사람'이나 '항상 가지지 못한 사람들'을 끌어모음으로써 결국 사회 불만과 불안을 조성하는 무리로 본 것입니다.

하지만 124분 복자뿐 아니라 당시 천주교 신앙을 실천했던 이들은 박해자들의 잘못된 논리에 맞서 꾸준히 애덕과 나눔의 실천을 통해 천주교의 가르침을 생활로 증거하며 살았습니다. 그러한 천주교 신자들의 모습은 조선 사회에 커다란 반향을 일으켰던 것입니다. 124분 복자들의 보여준 애덕 실천의 삶은 자기 자신도 어렵고, 힘든 상황 삶을 살고 있지만, 그럼에도 불구하고 하느님을 믿고 희망하면서 극기와 절제의 생활을 통해 타인의 고통에 깊은 관심을 가지도록 이끌었습니다.

그렇습니다. 124분 순교자들의 신앙은 생활 속 구체적인 실천으로 드러났고, 하느님에 대한 믿음만큼이나 이웃 사랑을 구체적으로 증거하며 살았습니다. 이들은 애덕 실천의 삶을 통해 더 큰 하느님에 대한 믿음과 희망을 간직했고, 자신들의 믿음이 결코 그릇되지 않다는 사실을 실천적 행동으로 세상과 사회에 웅변해 주었습니다. 그러므로 애덕 실천의 삶은 124분의 복자들의 순교 이유를 밝혀주는 중요한 근거가 됩니다. 애덕 실천의 삶에 대한 현실적이고 구체적인 행동이야말로 이 시대가 필요로 하는 순교자 영성의 토대가 아닐까 생각합니다.

기억하고 **실천하자**

예전에 『경향잡지』 담당자로부터 '교황 방한 1년 되돌아보기'라는 코너에 '기억하고 실천하자'는 주제로 원고를 써달라는 청탁을 받은 적 있습니다. 그리고 원고 청탁 내용에는 '2014년 추계 주교회의 정기총회' 때 발표한 주교단 공동 담화 내용을 언급하고 나서 교황 방한 후에 "한국 교회는 부족하나마 교황이 던져준 참된 복음화의 과제, 끊임없는 자기 쇄신의 여정을 시작했다"는 내용이 들어 있었습니다.

그러면서 교황 방한 이후 한국 교회는 교황의 권고를 실천하려는 움직임이 있었다고 파악하고 있었습니다. 그 내용을 읽는 순간 '어떤 부분에서 그랬지?' 하는 물음과 함께 왜 나처럼 평범한 사람에게 '기억하고 실천하자'는 주제의 원고 청탁을 했을까 하고 꽤 고민을 했습니다. 그러면서 당시 한국에 오신 프란치스코 교황님의 행적과 말씀을 차분하게 상기해보았습니다.

모두가 아는 것처럼 2014년 8월 무더운 여름, 프란치스코 교황은 제6회 아시아청년대회 참석을 위해 방한한 후 124위 순교자 시복식을 거행했습니다. 그리고 장애인 시설을 방문했고, 국내 수도자와 평신도, 한국 내 7대 종단 지도자들을 만난 후, '평화와 화해를 위한 미사'를 봉헌했습니다. 교황은 일정 중에 강론이나 연설을 통해서 우리에게 중요하고도 적절한 말씀들을 남겨주셨습니다.

우선 8월 14일, 교황은 한국주교단과 만난 자리에서 "그리스도인 공동체가 그리스도인 공동체의 신비적 차원을 잃고, 성체성사를 기념하는 능력을 잃으면 그 순간 그저 또 다른 사회의 일부가 되는 위험성"에 대해 경고했습니다. 그리고 교황은 그 자리에서 "교회가 '중산층'이 되는 것에 대해서 우려"하셨고, 주교단에게 "사목적 번영의 유혹에 주의를 기울이기"를 당부했습니다.

성모승천대축일 미사 때 교황은 "모든 신자들이

물질주의의 유혹에 맞서고, 이기주의와 분열을 일으키는 무한 경쟁의 사조에 맞서 싸우며, 특히 새로운 형태의 가난을 만들어내고 노동자들을 소외시키는 비인간적인 경제 모델들을 거부하라"고 촉구했습니다. 또한 교황님은 "생명이신 하느님과 하느님의 모상을 경시하고, 모든 남성과 여성과 어린이의 존엄성을 모독하는 죽음의 문화를 배척하기"를 권고하셨습니다.

그리고 시복식 미사 때에 교황은 이 땅의 순교자들이 남긴 유산으로 "진리를 찾고자 하는 올곧은 마음, 종교의 고귀한 원칙들에 대한 충실성, 그리고 그분들이 증언한 애덕과 모든 이를 향한 연대성"을 강조했습니다. 그러면서 교황은 "우리가 순교자들의 유산을 받은 사람답게 정의롭고 자유로우며 화해를 이루는 사회를 위해 일하기"를 당부하셨습니다.

계속해서 교황은 수도자와 만남에서 "타인을 위해 존재하는 수도자는 하느님 나라의 현존을 보여주는 만질 수 있는 표징이며 천국의 영원한 기쁨을 앞당기는 존재이며, 이 기쁨은 '기도 생활과 하느님 말씀 묵상과 성사 거행과 공동체 생활에서 자라나는 선물"이라고 역설하셨습니다. 그러면서 교황은 수도자들에게 "청빈 서원을 하지만 부자로 살아가는 축성봉헌된 사람들의 위선"에 대해 언급하면서 "이러한 모습이 신자들의 영혼에 상처를 입히고 교회를 해친다"고 일침을 가했습니다.

이어서 제6차 아시아청년대회 폐막 미사에서 교황은 "젊은이들이 하느님의 사랑을 믿고, 세상으로 나아가기"를 요청하셨습니다. 또한 교황은 '평화와 화해

김대건 신부 생가를 찾은 프란치스코 교황이 헌화하고 묵상하고 있다.
(솔뫼성지, 2014.08.15.)

를 위한 미사'에서 "정의롭고 인간다운 사회를 이룩하는 데에 그리스도인들이 과연 얼마나 질적으로 기여했는가를 점검해보고, 우리 모두가 불운한 이들, 소외된 이들, 일자리를 얻지 못한 이들, 많은 이가 누리는 번영에서 배제된 이들을 위하여 과연 얼마만큼 '복음적 관심을 증언하는가에 대하여 반성"하기를 촉구하셨습니다.

그로부터 1년이 지나 방한 1주년을 맞이하여 다채로운 행사들이 있었습니다. 광화문 광장에서 '광화문 124위 시복 터' 축복식이 있었고, 명동대성당 들머리에서는 교황 방한 관련 사진전과 음악회도 열렸습니다. 그리고 교황 방한 1주년 기념 '평화 나눔 음악회'가 있었고, 교황이 다녀간 장애인 시설에서는 공영방송 주관 하에 음악회가 열렸습니다. 또 어떤 교구에서는 8월 15일을 '프란치스코 데이'로 지내면서 강좌와 찬양, 기념미사를 봉헌했고, 교황 조형물을 세우거나 프란치스코 공원과 거리를 지정하고, 교황 관련 사진 공모전을 개최했습니다.

이어서 프란치스코 교황의 한국 방문과 한국 교회

의 과업이라는 주제로 학술회의가 개최되었고, 가톨릭 계통의 대학 평생교육원에서는 프란치스코 교황 방한 1주년 기념 강좌도 열렸습니다. 그리고 시복식 1주년 기념행사로 교구마다 복자 공경과 현양 운동이 펼쳐졌습니다. 도보 성지순례, 복자 관련 흉상 제작, 전시회, 복자 관련 생가 터와 순교 터가 드러나고, 순교 성지도 늘어났습니다.

이러한 노력이 도움이 되었는지 세례를 받은 사람이 12만 4천 748명으로 전년 대비 5퍼센트 증가했고, 예비신자가 꾸준히 늘었으며, 냉담 교우가 교회로 돌아왔다고 합니다. 그리고 한 연구소에서 실시한 '프란치스코 교황 방한 이후 한국 천주교회의 과제에 대한 조사'에서 '가난한 이들을 위한 교회의 사목적 분위기 조성'(55퍼센트)이 과제 1순위로 꼽혔습니다. 또한 교회 구성원들이 개선해야 할 점으로는 '주교들의 대화와 소통', '사제들의 독선과 권위주의', '수도자들의 기도와 영성생활 결핍', '평신도들의 분파적인 모임과 행동' 등이 지적되었습니다.

그 후 교회 쇄신과 맞물려 교구 사제단에서는 사

제 토론회나 가난한 사제의 삶을 지향하고, 생활양식의 간소화와 함께 청빈의 삶을 결심했습니다. 어느 교구에서는 '희망 통장'을 개설했고, 또 어느 교구에서는 '낮추어 살기 운동'을 시작했습니다. 그리하여 사제들이 먼저 신자들의 목소리에 귀를 기울이고 변화의 모범과 중심에 있을 것을 다짐했습니다.

그런데 교황 방한 1주년과 관련한 전체적인 행사 내용들을 유심히 살펴보다가 갑자기 교구나 수도회가 너무 큰 변화를 결심을 하거나 굳은 결의를 다짐하는 건 아닐까 하는 우려가 들었습니다. 그러다 '진정성'에 고개를 조금 갸우뚱했습니다. 몸집이 비대해진 사람이 달리기가 몸에 좋다는 이유로 무리하게 달리다 보면, 당연히 심장에 압박을 주거나 발목에 무리가 와서 지쳐 쓰러질 수 있기 때문입니다. 그렇게 되면 달리기를 아예 포기할 수도 있습니다.

그러므로 명심해야 할 부분이 있습니다. 한국을 방문한 교황은 이후에도 당신을 필요로 하는 세계 곳곳을 다니면서 끊임없이 교회 쇄신과 물질만능에 대한 경고, 환경에 대한 관심과 함께 가난하고 버림받은 이들, 특히 난민들에 대한 연민을 통해 세상의 혁신을 거침없이 요구했다는 사실입니다. 그런데 우리만 교황 방한 1주년의 시간 속에 갇혀 살고 있다면, 우리의 영적 성장은 어쩌면 더 나아가지 못한 채 모든 것을 추억으로만 간직하고 말지도 모릅니다.

한국 방문 후에도 교황은 시간과 기억 속에 멈추어 서 계시지 않고, 가톨릭교회의 수장으로 지금도 세상 흐름 속에서 현재 진행형인 하느님 나라의 모습을 보여주고 있습니다. 한국 방문 이후 2014년 10월, 세계주교대의원회 개막 연설 도중에 신자들에게 불필요한 의무를 지우는 '나쁜 목자들'을 비난했습니다. 2015년에 스리랑카와 필리핀을 방문했을 때, 12세 고아 소년이 "왜 하느님은 아무 죄 없는 아이들에게 나쁜 일이 일어나게 하나요?"라고 물으며 울음을 터뜨리자 이렇게 말하며 고통에 대한 깊은 공감을 강조했습니다.

예수님은 말로만 동정하거나 물질로 동정하지 않는 대신 타인과 함께 울어주고 공감했단다.

교황은 남미 순방 중에 그 지역 풀뿌리 운동 활동가들과 만난 자리에서 유럽의 남미 식민 지배 시절에 자행한 가톨릭교회의 잘못을 사과했습니다.

우리가 받은 교황 방한 시간이라는 선물은 단지 기억 속에 머물고, 회상만 하다 머무는 기념의 시간이 아닙니다. 지금도 우리 앞에서 현재 진행형으로 흘러가고 있는 시간입니다. 교황의 가르침은 한국 교회를, 주교단을, 사제를, 수도자를, 평신도를 지금 교회 쇄신의 장 안으로 들어오라고 초대하고 있습니다. 그러므로 지금 마음을 열고 귀를 기울인다면 언제든 교황의 정신을 만날 수 있습니다. 왜냐하면 교황 방한의 시간은 단순히 기억의 회상이 아니라 지금도 현재형이며 매 순간 반성과 겸손, 성찰, 결단으로 이끌어주기 때문입니다.

잊지 말아야 할 것은 교황은 그리스도의 대리자이며, 교황이 남겨준 깊은 가르침은 오로지 예수 그리스도의 복음 정신에서 나온다는 것입니다. 그러므로 그리스도의 복음이 오늘 나에게 생생하다면, 그 복음을 현대어로 풀어주고 있는 교황의 정신은 오늘 우리가 품고 살아야 할 소중한 가치라고 할 것입니다. 지금 우리와 함께 우리 곁에 있는 교황의 정신으로 생동감 있게 살면 좋겠습니다. 저부터 노력하겠습니다.

순교(자) 영성이
필요하기는 할까?

한국 교회 역사에서 '순교' 혹은 '순교자 영성'은 중요한 의미를 갖습니다. 천주교 전래 초기에 순교는 '복음의 진리'를 지켜내기 위한 생명의 헌신이었습니다. 신앙 선조들은 '진리에 대한 탐구'로 천주교를 자발적으로 받아들여 스스로 교회를 형성하였습니다. 하지만 당시 위정자들이 '천주학'을 사교(邪敎) 혹은 사학(邪學)으로 간주하여 금지령을 내리지만, 굴하지 않고, 순교로 복음의 진리를 지켰습니다.

 일제강점기에 순교는 일본 제국주의의 탄압에 맞서 신앙으로 저항한다는 의미를 지녔습니다. 그 당시 일제는 종교 탄압뿐 아니라 종교를 침략 전쟁의 정당화 도구로 삼고 있었고, 그러한 목적에 맞지 않는 종교 단체는 해산시켰습니다. 민족 말살 정책으로 한국어와 한글을 없애고자 일본말을 쓰게 했고, 창씨개명을 시켰고, 둘 이상이 모이면 감시의 눈초리를 번득였습니다. 그리고 궁성요배와 신사참배를 통해 한국인을 강제적으로 '일본화'하고자 하였습니다. 심지어 일제는 '순교 정신'을 '순국 정신'으로 어용화했습니다.

하지만 신자들은 복음의 진리를 생명으로 지켰던 한국 순교자들에 대한 존경과 자부심을 갖고, 당시 복자 축일인 9월 26일을 전후로 복자장엄미사 및 복자 유해 공경예식을 거행하고자 당당하게 함께 모여서 전례를 하고, '복자찬가'를 우렁차게 불렀습니다. 그 때문에 일제는 '복자찬가' 제창을 금지시키곤 하였습니다. 그리고 우리말로 복자축일 기념강연회를 개최했고, 전국 각 본당에서는 '치명성극'을 통해 박해를 극복하는 순교자들의 삶을 재현했습니다. 평양교구에서는 평양 시내 곳곳을 걸으며 순교자 제등행렬을 성대히 거행했고, 순교사료 전시회, 합창제 등을 통해 한국 순교자들의 삶을 드러냈습니다.

그렇다면 지금을 살아가는 우리에게 순교는 또 어떠한 의미를 지닐 수 있을까요? 오늘날의 순교는 이제

'삶에서 묻어나는 영성'이어야 하고, 각 개인의 영적 성장의 기준점이 되어야 합니다. 그러므로 순교(자) 영성을 영성화하는 작업 이전에 우선적으로 복음의 진리가 지금의 시대에 과연 필요한지를 물어야 합니다. 만약에 복음의 진리가 있어도 그만 없어도 그만인 무의미, 무가치, 무덤덤한 것이 된다면 순교는 그 자체로 생명력을 잃게 됩니다. 아니 순교라는 단어는 일반인이 알아듣기 어려운 '교회의 사투리'가 되며 박물관에서나 찾을 수 있는 사어(死語)가 될 것입니다.

그렇다면 현 시대는 과연 복음의 진리를 필요로 할까요? 저만이 아니라 모든 이들 역시 정답은 "그렇다"고 할 것입니다. 지금 우리 시대는 그 어느 때보다 복음의 진리가 정치·경제·사회의 가치 기준으로 필요하고, 인간과 생명의 존엄성을 수호하는 근거로 필요하며, 정의와 평화를 지켜내기 위한 판단 기준으로 필요합니다. 이렇게 구체적으로 복음의 진리가 간절하다면 우리는 다시금 순교의 옷을 입고, 순교의 허리띠를 두르고, 순교의 신발을 신고, 복음의 진리를 위해 순교하러 나갈 수 있는 것입니다.

절두산 순교성지 순교자 기념탑

다시금 우리는 물을 수 있어야 합니다. 지금 시대에 왜 순교(자) 영성이 필요한가? 그건 우리 주변에서 지켜야 할 복음의 진리가 아직도 많기 때문입니다. 특히 불의한 상황에서 고통받고 있는 이들의 삶을 부활시키는 것, 그것이 우리의 삶이며 순교(자) 영성으로 살아가야 할 우리의 사명인 것입니다. 그러므로 복음의 진리가 세상의 가치가 되기 위해서 우리 스스로가 순교의 마음으로 살아야 합니다. 순교(자) 정신, 즉 순교(자)는 단지 '죽는 정신'이 아닙니다. 순교 혹은 순교자의 삶은 그 자체로 영성이 되어야 합니다. 각자가 묵상하고 생각하고 찾아내는 삶의 영성이 되어야 합니다. 그래야 일상에서 복음의 진리를 제대로 볼 수 있을 것입니다.

예전에 매달 셋째 토요일, '주제가 있는 성지순례' 프로그램을 진행한 적이 있습니다. 서울뿐 아니라 멀리 지방에서도 많은 분들이 참가했습니다. 그리고 한 번에 단 한 곳 성지만 간다는 원칙과 이동 중에 차 안에서 간단하게 성지 안내를 하고, 도착하면 한 시간 정도 그달의 주제를 강의했습니다.

강의 주제는 한국 교회사 안에서 '부부에 대해서', '부모와 자식에 대해서', '가족이라는 개념에 대해서', '천주교 집안에 대해서' 같은 것들이었습니다. 나머지 시간은 각자가 자신이 원하는 곳에서, 자신이 원하는 방식으로 하루를 성지에서 보냈습니다. 신자 분들 역시 하루 동안 '순교자들의 삶과 가족의 이야기'에 자신과 가족의 이야기를 담았습니다.

그런데 놀라운 사실은 그렇게 성지순례를 마치고 돌아오는 길에 교우 분들이 하시는 말씀이 "이렇게도 성지순례를 할 수 있구나!" 하면서, 무척 행복해하였습니다. 그러면서 그동안 성지순례는 하루에 몇 군데를 가야 했고, 점심 먹고, 묵주기도, 십자가의 길, 미사 등 시간에 쫓기듯 다녔는데, 성지에서 혼자 고요히 머물러보니, 많은 것을 생각할 수 있었다는 말씀도 해주셨습니다.

저는 단지 성지순례의 주제만 정하고, 그 주제 강의 하나만 했을 뿐인데, 신자들은 스스로 더 많은 것을 찾고, 묵상하고, 얻어가곤 하였던 것입니다. 교회나 사목자가 주도적으로 순교(자) 영성을 끌어갈 것이 아니라 신자들 스스로 순교(자) 영성을 살아갈 수 있는 방안을 모색하도록 도와줄 때 그들 스스로 복음의 진리를 위해 헌신할 가치를 찾을 수 있을 것입니다.

'순교 영성'인가
'순교자 영성'인가?

예전에 어느 잡지사로부터 '비평, 시대의 소리'라는 주제 안에 '오늘을 사는 순교영성-순교영성의 현대적 이해'라는 주제의 글을 청탁받았습니다. 그런데 저는 그동안 한국 교회사 연구를 통해 '순교 영성'이라는 말이 한국 교회가 순교자의 삶과 신앙을 본받으려는 영성적인 노력을 더디게 만들었고, 본래 의도하는 개념과 다른 방향으로 그 뜻이 사용되고 있다고 지적한 바 있습니다.

그 이유는 한국 교회는 순교와 관련한 영성적 용어를 사용할 때 분명한 개념 이해를 제시하지 않았기 때문입니다. 그래서 이제부터라도 '순교 영성'이라는 개념은 새롭게 정립되어야 할 필요성이 있습니다.

저는 여기에서 그 동안의 연구 내용 중 순교와 순

교자와 관련된 영성적 개념 부분을 간략하게 살펴보고자 합니다. 이를 통해 한국 교회가 순교와 대한 올바른 개념 이해를 통해 본래의 뜻과 정신을 되살리고자 하는 노력에 일말의 기여를 하고자 합니다. 그런 측면에서 이 글은 우선 '영성'에 대해 간략하게 설명한 후 '순교'와 '순교자'에 대한 영성적 개념을 어떻게 정립해야 하는지 살펴볼 것입니다. 그런 다음 일반적으로 통용되고 있는 '순교자 영성'이라는 용어를 어떻게 사용해야지 제시하고자 합니다.

영성(靈性, Spirituality)이라는 말을 살펴보면, 우선 영성에서 일컫는 '영'(靈, Spirit)은 살아 있고, 사랑하며, 창조하는 하느님의 인격적인 능력입니다. 그리고 이러한 영을 부여받은 인간에게 자기실현과 자기성취를 가능하게 해주는 능력이 바로 영성입니다. 따라서 영성은 '인격적 하느님'과 일치를 가능하게 하는 인간의 초월적(超越的) 본성입니다. 그래서 영성을 통해 인간은 십자가의 죽음을 통해 하느님의 완전하고도 영원한 사랑을 보여준 예수 그리스도의 신비를 깨닫고, 그 삶을 본받을 수 있습니다.

또한 영성을 삶으로 산다고 말할 때는 하느님의 모상으로 창조된 인간이 향주삼덕(向主三德)을 통해 완덕으로 나아가는 것을 말하며, 한 마디로 인간이 하느님을 닮아가려고 노력하는 것을 지칭합니다. 이러한 완덕 추구의 노력은 참된 사랑을 통해서만 이룰 수 있기에 영성은 곧 향주삼덕의 목표이며, 참사랑을 이루려는 인간의 본질인 셈입니다. 그리고 영성적인 삶의 모범은 예수 그리스도께서 하느님과 이웃을 향해 자신의 생명을 내어놓은 십자가 사건에 있습니다.

그러므로 영성적인 삶은 곧 예수께서 보여준 삶의 모범을 통해서 하느님의 뜻 안에서 살아가려 노력을 의미합니다. 여기서 말하는 예수의 삶은 "하느님과, 네 이웃을 너 자신처럼 사랑해야 한다"(마태 22,37-39)는 사랑의 삶이며, "친구들을 위하여 목숨을 내놓는 것보다 더 큰 사랑은 없다"(요한 15,13)는 순교의 삶입니다. 그래서 예수를 통해 확인된 사랑의 삶은 순교의 삶을 지향합니다.

역사적으로 볼 때, 예수의 삶을 본받아 살아가던 그리스도교 신앙인들은 박해 상황이 닥치자 예수에 대한 확고한 믿음과 희망과 사랑으로 자신의 의지를 통해 기꺼이 죽음을 선택했습니다. 이들의 죽음에 대해서 교회는 완덕의 절정을 드러내는 행위를 '순교'로 이해했습니다. 그 이유는 그리스도교 신앙인들에게는 예수의 십자가 삶과 성령의 은총 안에서 이루어지는 완덕의 참된 가치가 마침내 죽음을 통해 실현되는 최상의 신앙 증거 행위를 의미하였습니다. 그래서 가톨릭 교회는 "순교는 신앙의 진리에 대한 최상의 증거이다. 순교자는 자신과 사랑으로 결합된 그리스도, 돌아가시고 부활하신 그리스도를 증언한다"고 계속해서 가르쳐왔습니다.17)

  이러한 차원에서 순교가 지니는 신학적 의미에 대해서 교회는 교부시대부터 최근에 이르기까지 지속적으로 연구해왔습니다. 특히 한국 교회의 경우 조선 후기 박해 당시 천주교 신앙공동체가 이해하고 있던 순교에 대한 개념에 대해 검토한 바 있습니다. 이러한 연구 작업을 토대로 순교와 순교자에 대한 의미 규정을

---

17) 『가톨릭교회 교리서』, 2473항.

내려볼 수 있습니다. '순교'란 예수의 가르침과 그리스도교 신앙의 진리를 온전히 증거하기 위해 박해 상황에서 죽음을 통해 그것을 증언한 '행위' 자체를 의미합니다. 그리고 '순교자'란 예수의 가르침과 그리스도교 신앙을 온전히 증거하기 위하여 박해 상황에서 자신의 생명을 자발적으로 내어놓으면서까지 최상의 증언이자 증거 행위를 드러낸 '신앙인'을 지칭합니다.

"순교의 본질은 신앙의 증언이다!"(서소문성지 역사박물관)

또한 지금까지 한국 천주교회에서는 순교, 순교자 개념과 영성 개념이 접합된 뜻으로 '순교 영성'과 '순교자 영성'에 대해 같은 의미의 다른 단어로 중첩해서 사용하였습니다. 하지만 그 개념을 깊이 들여다보면 순교 영성과 순교자 영성은 비슷한 개념인 듯 보이지만 본질적으로는 전혀 다른 의미를 함축하고 있습니다. 이를 간략하게 살펴보면, 순교 영성이라는 말은 순교와 영성이라는 단어가 결합된 용어로 '모든 압박과 해를 물리치고 자기의 믿는 종교를 위하여 목숨을 바치는 영성'을 말합니다. 결국 순교 영성은 신앙의 증거와 증언을 위해 '죽는 행위' 그 자체를 '영성'이라 지칭한 것입니다.

그리고 순교자의 순교 행위를 영성의 개념으로 정의 내리면, '순교자 영성'이란 순교자와 영성이라는 단어가 결합된 용어로 '모든 압박과 해를 물리치고 자기의 믿는 종교를 위하여 목숨을 바친 개별 신앙인에 대한 영성'으로 규정할 수 있습니다. 다시 말해서 박해라는 매개체 앞에서 죽음의 결과를 예상하면서도 자신이 믿는 신앙의 가치에 따라 믿음(신덕), 희망(망덕), 사랑

(애덕)을 통해 하느님의 사랑을 증거하는 '순교자의 삶과 신앙'을 영성적으로 밝히는 것입니다.

그러므로 순교자 영성은 단지 박해 상황에서 신자들이 어떻게 죽었는지, 그리고 순교자가 죽음 앞에서 보여준 외적 태도를 아는 것이 아닙니다. 순교자 영성은 친구를 살리기 위해 자신의 생명을 내놓은 예수 그리스도의 모범을 일상 안에서 구체적으로 실천하는 삶입니다. 따라서 순교자 영성의 가치는 신앙인이 기꺼이 순교를 결심하도록 이끌어준 삶과 신앙과 그 안에서 드러나는 믿음, 희망, 사랑을 통한 하느님에 대한 사랑을 확인하는 데 있습니다.

이를 통해 '순교 영성'은 종교를 위하여 목숨을 바친 그 행위와 상황에 중점을 두고 있는 반면, '순교자 영성'은 종교를 위하여 목숨을 바친 개별 신앙인의 삶과 신앙에 대해서 비중을 두고 있음을 확인할 수 있습니다. 이상의 내용에서 순교자의 삶과 신앙을 통해 오늘을 살아가는 신앙인들이 순교자가 보여준 믿음, 희망, 사랑의 삶을 살아가도록 이끌어주고, 영성적 삶을 살도록 하는 것에 초점을 맞춘 용어는 '순교자 영성'

인 것입니다. 그렇다면 과거에서부터 지금까지 왜 그토록 '순교 영성'이라는 말을 더 많이 자주 사용했던 것일까요!

사실 오늘날까지 한국 교회는 많은 경우 박해시대에 대한 교회사의 서술 방향은 개별 순교자의 삶과 신앙에 초점을 맞추기보다 신앙 선조들이 천주교 수용 과정에서 겪는 박해와 죽음에 초점을 맞추어왔습니다. 특히 박해시대 교회사와 관련된 서술 내용은 박해시대 상황과 신자들의 고문과 고초, 그리고 당당하게 죽음을 맞이한 행위에 대한 강조를 통해서 호교적 색채를 강하게 드러냈습니다. 다시 말해서, 신앙 선조들의 죽음조차 두려워하지 않는 '용덕'과 완벽하리만큼 탁월한 '믿음'의 행위에만 초점을 맞추었던 것입니다.

그 문제를 역사 안에서 살펴보면, 개항과 근대로 넘어오면서 교회가 그 이전 박해시기 순교와 순교자들에 대한 시복 준비 작업을 해온 것과 밀접한 관련이 있습니다. 사실 조선 순교자에 대한 시복 준비는 박해시대 때부터 있어 왔지만, 본격적으로 시작된 것은 조선 사회 안에서 종교에 대한 허용의 분위기가 형성되면서

부터입니다. 이 당시에 순교자에 대한 시복과 관련하여 교회의 주된 관심 내용은 조선 순교자들이 어떠한 박해와 고문을 받았고, 어떻게 죽었는지를 살피고 묘사하는 것이었습니다. 그러면서 교회는 특정 순교자들을 중심으로 그들이 지닌 탁월한 신덕과 용맹스러운 용덕, 처형장 앞에서 거룩하고 장엄하게 죽음을 맞이했던 모습에 대해서 깊은 관심을 가졌던 것입니다.

그 후 순교 상황 안에서 순교자가 겪은 외적인 현상에 대한 강조는 오늘날까지 이어져왔습니다. 예를 들어, 개별 교구마다 순교자 현양과 신자 재교육 차원에서 마련된 성지 내 박물관이나 전시관의 전시 내용물을 보면, 많은 경우 순교자들의 신덕과 용덕, 그리고 거룩하고 장엄하게 죽음을 맞이한 모습들이 강하게 부각되어 있습니다. 또한 순교자들을 죽음 이후 천상을 향해 나아가는 개선장군의 모습으로 형상화하였습니다.

이러한 모습은 결국 신덕과 용덕 중심의 순교 영성으로 비추어지면서 사람들로 하여금 '내세 지향적 신앙관'을 강조하는 영성으로 인식하게 되었습니다. 그 결과로 오늘날 박해를 경험해본 적이 없는 많은 신자들에게 박해시기 순교자들의 영웅적인 모습을 본받으며 살아간다는 것에 대해서는 현실과 거리감이 있는 것으로 인식하게 만들었습니다.

이 문제에 대해서는 윤리신학자인 프라이부르크 대학의 세르베 테오도르 핀카에르(Servais Théodore Pinckaers, 1925~2008) 교수도 다음과 같이 지적한 바 있습니다.

순교라는 단어에 대해 사람들이 처음으로 갖게 되는 생각은 '고문'과 '죽음'입니다. 그리고 이것이 그동안 그리스도교 회화(繪畵)나 문학(文學)에서 주요하게 형상화되었습니다. 또한 순교자들이 고문을 참아내는 모습을 강조함에 따라 신자들에게는 순교가 '형벌의 동의어'로 인식되었습니다. 그 결과 순교 안에 담겨 있는 중요한 요소들이 신자들에게 제대로 이해되지 못한 채 오늘에 이르렀습니다.[18]

---

18) Servais Théodore Pinckaers, *La Spiritualité du martyre*, Versailles, Editions Saint-Paul, 2000, p.42.

이 말은 순교를 표현함에 있어서 고문이나 고통만을 강조할 경우, 초기 그리스도교 신자들에서부터 경험되어 지금까지 이어 내려온 순교 자체에 대한 '영성적 측면'과 그 깊이를 제대로 알 수 없게 만든다는 의미입니다. 그래서 핀카에르 교수는 순교자 현양에 대해 고문, 형벌, 죽음과 같은 요소들만을 강조한다면 결국 순교자 신심이 갖는 보편적 가치와 신덕(信德), 망덕(望德), 애덕(愛德), 즉 향주삼덕의 복음적 요소가 갖는 영성적인 요소들을 파악하는 데 걸림돌이 될 것이라고 강조하였습니다.

그리고 교회사 분야에 수많은 연구 업적을 남긴 최석우(안드레아, 1922~2009) 신부 역시 지금까지 한국 천주교회가 순교와 관련하여 '용덕'과 '죽음'을 강조한 부분에 대해서 다음과 같이 언급하였습니다.

한국에서는 예나 지금이나 일반적으로 순교의 결과인 용덕을 중시하면서 그 원인인 증언은 등한시하는 경향이 있다. 그러나 순교의 본질은 신앙의 증언이지 죽음의 증언은 아니다. 구체적으로 바로 200년 전에 있었던 윤유일, 최인길, 지황의 순교는 우리의 영원한 구원을 위한 증언이지 우리의 죽음 자체를 위한 증언은 결코 아니다.19)

최석우 신부는 순교에 대해서 용덕에만 치우친 죽음을 강조한 것에 대한 문제점을 극복하기 위해서 오늘날 우리 시대에 중요한 것은 바로 순교자들이 보여준 신앙의 증언 내용 그 자체라는 사실을 강하게 역설하였습니다.

이제 짧게나마 글을 마무리하면서, 우리가 '순교 영성'이라는 말을 사용할 때에는 전후 문맥을 잘 파악해서 개념에 맞게 그 뜻을 올바르게 적용해야 한다는 것을 강조하고 싶습니다. 그러나 우리가 본래 일상적으로 사용하는 의미로 '순교자들의 삶과 신앙을 통해서 자신을 영적으로 성장시키려는 뜻이 담겨 있는 개념을 지칭할 때에는 '순교자 영성'이라는 용어를 사용

---

19) 최석우, 『순교자현양의 교회사적 의의』, 『교회사연구』 제10집, 한국교회사연구소, 1995, 18쪽.

해야 합니다.

또한 지금 우리에게 필요한 순교자 영성은 과거 이 땅에서 순교자들이 어떻게 '장렬하게, 거룩하게, 탁월한 모습'으로 죽었는지에 대한 교육적 측면을 강조하기보다 당시 순교자들은 평소 어떠한 삶을 살았고, 어떠한 신앙을 가지고 있었기에 삶의 마지막 순간에 신앙 때문에 죽음까지도 결심할 수 있었는지를 돌아보는 영성적 측면을 강화해야 합니다.

이것이 어쩌면 '오늘을 사는 순교자 영성-순교자 영성의 현대적 이해'의 한 축이 아닐까 합니다. 그리고 이러한 노력을 앞으로 꾸준히 기울여 나갈 때에 순교자 영성은 이 시대에 적합한 영성들 중의 하나가 될 것이며, 순교자 영성이 삶의 영성이면서 실천적 영성으로 새롭게 되살아날 수 있는 계기를 마련해줄 것입니다.

우리의 기도로 앞당기는
한국 순교자 시복시성

유학을 공부하던 평신도가 주축이 되어 자발적으로 천주교를 수용한 한국 교회의 역사는 그 자체로 전 세계에 유래가 없는 독특함과 특별함을 보여주고 있습니다. 하지만 천주교 전파 이후, 거의 100년 이상 한국 교회는 크고 작은 박해를 받았으며, 수많은 '천주학쟁이들'(박해시기 천주교 신자를 지칭하던 말)은 하느님을 향한 믿음 앞에 기꺼이 자신의 목숨을 내놓은 순교의 삶을 통해 신앙을 증거하였습니다.

 이러한 역사적인 사실들은 1831년 조선대목구 설정과 함께 1836년에 입국한 파리외방전교회 선교사들이 남겨놓은 기록을 통해 확인할 수 있습니다. 당시 순교자들의 순교 사실에 대해서 동료 평신도로 하여금 일기 형식의 기록으로 남기게 하였고, 이 자료들은 이

내 시복시성을 위한 준비 작업의 발판이 되었습니다.

이렇게 수집된 자료들은 「기해 및 병오 순교자 기록」으로 엮어져 1847년 로마 교황청에 보내졌으며, 마침내 1857년 9월 23일 교황 비오 9세에 의해 한국 순교자 시복조사를 접수하는 법령이 반포됩니다. 그리하여 한국 교회 최초로 순교자 82위가 가경자로 선포되었습니다. 분명한 것은 한국 순교자들의 시복(諡福)의 첫 단추가 바로 당시 평신도들의 '헌신적인 기도'와 '자발적 노력'으로 이루어졌다는 것입니다. 이것이 결국, 오늘날 한국 교회 순교자 영성의 바탕이 되었습니다.

1886년 조불수호조약 이후 천주교에 관한 묵시적 종교의 자유는 시복시성 작업에 박차를 가하게 되는 계기가 되었습니다. 우선적으로 시복 대상자들에 대한 '유해 발굴 및 확인' 작업이 자유롭게 진행되면서 당시 수집된 문헌 및 사료들을 통해 순교자들의 유해들이 발굴되었고, 이렇게 확인된 순교자들의 유해는 명동대성당 지하성당이나 그 밖의 교회기관에서 지정한 장소로 옮겨 모셨습니다.

그리고 이러한 일련의 작업 경과를 『경향잡지』나 『별』 같은 당시 교회 잡지가 주요 기사로 다루어 신앙 선조들의 역사적 순교 사실과 '순교자 공경의 중요성과 유익함'을 평신도들이 꾸준히 알게 됩니다. 이런 일들의 바탕 역시 당시 순교자들과 함께한 '신자들의 기도'가 그 중심에 있었습니다.

시복 준비를 위한 '기도운동'은 당시 한국 교회 지도자들의 솔선수범에 따른 것이었습니다. 예를 들어, 당시 경성교구 드브레 부주교가 파리외방전교회 본부로 보낸 1924년 보고서를 보면 "기해 병인년 순교자 시복'을 간절히 기다리면서 '영광스런 순교자들의 전구(轉求)로써 일찍이 고난 중에 씨를 뿌리고, 피로써 물을 준 것으로부터, 기쁨 가운데 더욱더 수확을 거두게 해주시기"를 기도로 간청했습니다.

또한 1925년 보고서에서는 "이 신앙의 순교자들이 하느님 앞에서 그들의 전구를 통해 일찍이 그들이 자신의 피로 적신 이 조선 땅에서 벌였던 투쟁을 모방할 수 있도록 우리에게 힘과 용기와 신뢰를 얻어주시기"를 기도하였습니다. 이러한 '시복을 위한 기도'는 성직자와 평신도 할 것 없이 누구에게나 절실한 소망이었음을 알 수 있습니다.

이처럼 평신도들의 시복시성을 위한 '기도운동'의 간절한 열망은 마침내 1925년 7월 5일 로마 성 베드로 대성전에서 한국 순교자 79위 시복식을 거행하는 것으로 이어집니다. 그리고 로마에 머물러 시복식에 참석한 당시 한국 교회 교구장 뮈텔 주교와 드망즈(Florian Demange, 1875~1938) 주교는 시복식 이후

한국 순교자 79위 시복식(1925.07.05.) 제대 앞에 비오 11세 교황이 무릎을 꿇고 기도하고 있다.(한국교회사연구소)

성 베드로 사도좌 제대 위에 걸린 79위 복자화. 시복 선언과 함께 휘장이 걷혀 신자들에게 공개됐다. 가운데는 앵베르 주교와 모방·샤스탕 신부. 그 오른쪽 바로 옆에 무릎 꿇은 이는 김대건 신부다.(한국교회사연구소)

'복자경문', 즉 한국 순교자들을 위한 복자 기도문을 발표하고, 한국 교회 전 신자들이 보다 더 열심히 기도운동을 해서 시복자들이 성인품으로 오를 수 있기를 당부했습니다.

시복식 이후 순교자들에 대한 기도운동은 다양하게 전개되었습니다. 우선 한국 교회는 해마다 9월 26일을 '복자축일'로 정해서 한국 순교자들과 함께 전례와 기도 안에서 성대하게 축일을 지냈습니다. 특히 '복자축일장엄미사'와 '복자유해경배'가 공식적으로 이루어지면서 기도 안에서 순교자 신심을 다져나갔습니다. 또한 복자축일기념 강연회를 비롯해 복자축일기념 제등행렬 같은 행사를 거행하면서 한국 순교자들의 영성을 전파했습니다.

시복시성을 위한 기도는 그 이후 교구 내 중대한 행사를 준비할 때에도 중심에 있었습니다. 예를 들어 1931년 교구 설정 100주년을 기념하여 한국 교회 최초의 공의회 개최가 확정된 후, 조선의 다섯 개 교구 주교들은 전체 교구 신자들에게 성공적인 회의 개최를 위해 가장 먼저 '한국 순교자들에게 특별히 전구를 청할 것'을 당부했습니다. 이뿐만 아니라 한국 교회에서 공식적으로 큰 행사를 치를 때마다 언제나 신자들에게 한국 순교자들에게 우선 기도하기를 당부하였습니다.

이러한 기도운동은 1968년 10월 6일 로마 성 베드로 대성전에서 병인박해 순교 가경자 26위 중에서 24위의 시복식이 거행되는 결실로 이어집니다. 로마에서 수많은 순례자들이 모인 가운데 시복식이 열렸는데, 5백여 명의 한국 신자와 2천 5백여 명의 프랑스 신자가 참석했습니다. 그리고 시복선언이 끝나자마자 당시 서울대교구장이었던 김수환 스테파노(1922~2009) 대주교의 주례로 장엄한 장엄 미사가 거행되었습니다.

1971년 한국천주교주교회의는 한국 순교복자들에 대한 '시성추진안'을 접수하였고, 1976년에는 '1925년 79위 복자', '1968년 24위 복자'에 대한 시성청원서를 교황청에 제출하였습니다. 이와 함께 한국 평신도사도직협의회에서는 '한국 순교자 시성 운동'을 한국 천주교 창설 200주년 기념사업으로 추진하면서 '순교자들을 향한 기도운동'으로 발전시켜나갔으며,

그중 하나로 '순교자 유해 순회기도회'를 장엄하게 거행하였습니다.

이러한 한국 교회 전 신자들의 자발적이며 열성적인 기도와 시성에 대한 꾸준한 노력은 마침내 한국 천주교 창설 200주년인 1984년 5월 6일, 순교의 피가 얼룩져 있는 한국 땅에서 교회의 최고 수장인 교황 요한 바오로 2세(1920~2005, 재위 1978~2005)를 모시고, 한국 교회 '103위 순교복자 시성식' 미사를 거행함으로써 순교자 시성이 엄숙하게 선포됩니다.

위에서 과거 '시복시성'의 역사를 간단히 언급하면서, 그 안에 기도운동이 중심이었음을 강조하는 이유는 지금 또다시 모두의 기도운동이 절실하기 때문입니다. 현재 한국 교회는 124위 복자의 시성과, 가경자 최양업 신부와 조선 왕조 치하 순교 133위와 근현대 신앙의 증인 81위, 베네딕토회 덕원의 순교자 38위 등 시복시성을 준비하며 추진하고 있습니다.

'124위 복자'의 순교에 관한 세세하고도 탁월한 신앙 증거의 행적들은 교회 측 기록뿐 아니라 그 당시 관변(官邊) 기록을 통해서도 속속 밝혀지고 있습니다.

특히 이들의 순교에 관한 기록을 보면 모진 문초(問招) 앞에서도 당당하게 하느님 신앙을 증거했던 모습이 생생히 드러나 있습니다. 어쩌면 이들 순교자들이 시복시성이 되는 것은 너무나 당연한 일이며, 지금은 단지 시복시성 되는 그 시간만을 기다릴 뿐이라고 해도 과언이 아닐 것입니다.

그러므로 우리는 다시금 시복시성을 위한 기도운동을 전개해야 합니다. 앞에서 길게 서술했던, 우리 교회의 시복시성의 역사에서 평신도들의 기도운동이 주축을 이루었던 사실을 다시금 확인할 때입니다. 한마디로 한국 교회 안에서 천주교의 전래와 박해, 순교와 죽음, 종교 자유와 시복시성의 역사적 사건 앞에서 신앙의 선배들은 순교자들의 후손답게 '기도'하는 전통을 가졌음을 명심합시다.

이 기도운동의 전통은 103위 시복시성을 기다리며 근세기를 살았던 우리 신앙의 선배들, 특히 일제강점기에도 천주교 신앙을 잘 유지·발전시킨 신앙의 선배들, 분단의 아픔인 한국전쟁 전후에도 신앙을 놓지 않았던 신앙의 선배들이 온몸으로 보여준 생생한 전통입니다.

그러므로 우리는 지난번 신앙 선조와 선배들이 보여준 기도운동을 본받아 보다 더 깊은 영성적인 기도운동으로 거듭 준비·발전시켜야 할 것입니다. 과거 가경자, 두 차례의 시복 및 시성식은 한국 민족 안에서 천주교 신앙인의 자부심과 신앙의 우수성을 만방에 드러낼 수 있었던 외적으로 중차대한 사건이었다면, 이제 124위 복자와 가경자 최양업 신부와 그 밖의 시복시성 작업은 우리 각자가 신앙적으로 한층 성숙해지는 내적 성장의 발판이 되어야 합니다.

이는 단지 '우리 순교자들이 너무나도 훌륭하게 죽음을 맞이하였으니 시복시성 꼭 되게 해주세요. 그러면 우리 교회가 잘될 것입니다'가 아니라 '순교자들의 시복시성만큼이나 나도 그들을 닮은 순교 영성을 일상에서 살 수 있도록 온 마음과 온 삶을 이끌어주십시오'라는 삶의 기도에 좀 더 집중해야 할 것입니다.

이러한 신앙과 삶이 함께 성숙되고자 하는 시복시성을 위한 순교자들과 함께하는 기도운동은 결국 순교라는 단어가 과거 종교 박해 때에만 사용된 신앙의 사투리가 아니라 오늘날 우리에게 늘 입버릇처럼 사용할 수 있는 일상의 친숙한 언어가 될 수 있음을 보여줄 것입니다. 그럴 때 이 언어는 결국 지금 우리의 기도운동의 전통을 후배와 후대에 전해주는 신앙의 유산이 되는 것입니다. 그리고 기도운동은 결국 우리를 일상 안에서 순교의 삶을 살도록 끊임없이 이끌어주는 순교(자) 영성의 토대를 마련해줄 것입니다.

순교, 일제강점기라는 또 다른 종교 탄압을 이겨낸 원동력

일제는 35년 동안 우리나라를 식민 통치하면서 민족 말살 정책의 방편으로 종교 탄압과 어용화, 그리고 분열을 획책하는 정책을 폈습니다. 아쉽게도 그 당시 한국 교회 지도자들은 외국인 선교사들이었고, 이들은 박해가 끝난 이후 교회 재건과 선교에만 신경을 쓰다 보니 민족의 독립 문제는 등한시하는 상황이었습니다.

이때 우리 신자들은 박해시기 동안 하느님과 신앙의 진리를 위해 기꺼이 목숨까지 내놓았던 순교 전통을 이어나갔습니다. 이는 결국 초기 신앙 선조들의 믿음을 본받아 일제강점기라는 또 다른 형태의 종교 박해마저 극복해나가고자 했던 당시 신앙인들의 믿음이 표출된 것입니다.

그리하여 일제강점기 동안 순교 전통은 순교자 신

심을 통해 하나의 '문화민족주의'를 표방하였습니다. 이미 알다시피 일제강점기 동안 한국 역사는 일제 식민사관으로 철저히 왜곡되었고, 우리 민족의 역사를 우리 역사라고 말하지 못하던 시기였습니다. 그런 와중에 1925년 7월 5일 로마 성 베드로 대성전에서 거행된 한국순교복자시복식은 전 세계 교회에 한국을 알리는 계기가 되어 당시 신자들에게 자랑거리가 되었습니다.

그리고 당시 한국 교회 역사에 대한 활발한 연구를 통해 '자발적 천주교 신앙 수용', '박해 앞에서 진리의 고백' 등이 공개되면서 신앙 선조들에 대한 자부심을 한껏 부풀어 오르게 만들었습니다. 이는 한국 역사는 일제에 억압되었지만, 한국 교회의 놀랍고도 탁월한 역사가 밝혀지면서 당시 신자들에게 종교 문화에 대한 우수성을 인식하도록 하였습니다. 억눌린 한국 역사 앞에서 자부심 가득한 한국 교회 역사에 대한 인식은 문화를 통한 또 하나의 민족주의 형성에 큰 기여를 했던 것입니다.

또한 순교자 신심은 신앙 운동으로 발전하였습니

다. 일제 강점 말기, 일제는 종교를 '침략 전쟁을 합리화하는 수단'으로도 이용하였습니다. 그리고 이에 동조하지 않는 종교 단체는 해산하였습니다. 그런 상황에서도 당시 신자들은 순교자 신심을 가슴에 품고 고난의 상황을 헤쳐 나갔습니다. 다음과 같은 사례가 있습니다.

1939년 이후부터 각 본당과 신자들이 자발적으로 순교자 신심을 고양하기 위해 '복자 공경 주일' 운동을 시작하였습니다. 이 운동의 취지는 우리 순교자들을 현양하기 위해 신앙의 선조들께 지극 정성으로 특별한 공경을 드리는 것입니다. 이 운동은 삽시간에 전국으로 퍼져 1944년까지 대부분의 성당에서 이 운동을 실천했습니다. 그리하여 복자에 대한 공경 운동은 일제 강점기에 삶과 신앙을 지켜주는 든든한 밑거름이 되었습니다.

그렇습니다. 한국 교회 초창기 때부터 자발적으로 형성된 순교자 신심은 고통으로 점철된 근대 한국 상황에서 신자들의 신앙과 삶에 중요한 역할을 하였습니다. 이것을 통해 순교란 과거 한국 순교자들이 겪었던 일로만 끝난 그 어떤 것이 아니라 지금의 세상 속에서 각자의 마음가짐에 따라 언제든 현재화될 수 있는 신심임을 말해주고 있습니다. 즉 거짓과 오류라는 우상이 판을 치는 오늘날 세상에 순교자 신심은 우리 각자에게 신앙인으로서 어떠한 삶을 살아갈 것인가를 판단하는 기준이 되고 있습니다.

그러므로 현재를 살아가는 우리들 역시 수없이 다가오는 여러 형태의 우상 앞에서 순교를 통해 하느님과 신앙의 진리를 증거합시다. 특히 불의한 상황에서 고통받고 있는 이들의 삶을 부활시키는 삶, 이 모든 것이 순교가 될 것입니다. 어떻습니까, 여러분! 오늘, 순교 한번 해주시지 않으시겠어요?

올바른 성해 공경
- 성지에서 전하는 이야기

2021년 3월 11일, 전주교구 초남이 성지에서 '바우배기' 일대의 무연고 분묘를 개장하던 중 1791년 박해 때 순교한 복자 윤지충과 권상연의 유해를 발견하였습니다. 동시에 윤지충의 동생이며 1801년 박해로 순교한 복자 윤지헌(프란치스코, 1764~1801)의 유해도 발굴되어 세 분의 유해가 세상에 모습을 드러냈습니다. 이에 전주교구에서는 '세 분 순교자 유해의 진정성'을 확인하고자 교구 차원에서 교회법적 절차에 따라 유해와 유물에 대한 정밀조사를 진행했습니다.

그 결과 유해는 순교자 윤지충과 권상연, 윤지헌의 것으로 밝혀졌습니다. 그래서 전주교구장 김선태 주교님은 2021년 8월 18일에 세 분 순교자 유해의 진정성에 대한 교령을 발표했고, 세 분의 유해는 9월 16

일 초남이 성지에 안치되었습니다.

　전주교구 관할 개갑장터 순교성지 담당을 맡고 있는 저는 초남이 성지에서 일어난 세 분 순교자의 유해 발견 사건을 접하면서 하느님의 은총에 가슴이 떨렸고, 감동의 눈물까지 흘렸습니다. 왜냐하면 신앙인의 귀감이 될 만큼 모범적인 삶을 살았을 뿐 아니라 순교 직전까지 박해자 앞에서 하느님에 대한 굳은 믿음을 고백했던 두 분의 마음이 필자에게 생생하게 전달되었기 때문입니다. 그래서 세 분 순교자의 유해 발굴은 마치 천상에 계신 세 분이 지상으로 귀환하신 것 같은 느낌이었습니다.

　세 분 순교자의 유해가 초남이 성지에 안치된 후, 필자는 이내 곧 초남이 성지를 달려가 순례하고 유해 공경을 드리고 싶었습니다. 하지만 당시 코로나19와 개갑장터 순교성지 공사 일정이 맞물려 차일피일 미룰 수밖에 없었습니다. 그러던 중에 기쁜 소식이 들려왔습니다. 전주교구에서 교구민들을 위해 세 분 순교자들의 유해 순회기도를 결정한 것입니다.

　2021년 10월 1일 금요일, 초남이 성지 교리당에

서는 주교님 주례로 세 분 순교자의 유해 순회기도 출발 예식을 거행했습니다. 그 후 유해는 전주교구 내 여섯 개 지구로 이동한 후 각 지구장 본당을 시작으로 전주교구 내 각 본당은 배정된 날짜에 따라 일주일 동안 유해를 모신 후 순회기도를 했습니다.

전주교구에서는 순회기도에 맞춰 기도 순서를 정하고 묵상 자료집도 만들었는데, 이 자료집에는 순교자 윤지충과 권상연의 삶과 신앙을 생생하게 접할 수

한국 천주교 첫 순교복자 윤지충과 권상연의 백자사발 지석

있는 구체적인 사료를 첨가했습니다. 두 분에 대한 역사 기록을 꼼꼼히 담다 보니 자료집의 분량이 상당했습니다.

내용 중에는 「죄인지충일기」와 달레(Claude-Charles Dallet, 1829~1878) 신부의 『한국천주교회사』[20] 중 1791년 박해와 순교 상황, 기적과 그 기적에 관해 구체적으로 언급한 북경교구 구베아(Alexandre de Gouveia, 1751~1808) 주교의 편지까지 들어 있었습니다. 이런 자료 덕분에 순회기도에 참석한 신자들은 1791년 박해의 현장 속으로 들어갈 수 있었고, 두 분 순교 복자의 생애와 신앙, 그리고 체포된 후의 문초 기록을 생생하게 접할 수 있었습니다.

필자는 세 분의 순교자 유해가 고창성당에 모셔지면 거기서 유해 순회기도에 참석하기로 마음먹었습니다. 그러다 개갑장터 순교성지에서 순교한 복자 최여

---

20) 파리 외방전교회의 달레 신부가 한국 천주교회의 성립기원 및 순교사를 수록하여 1874년에 간행한 한국 천주교 역사서이다. 달레 신부는 다블뤼 신부가 조선에서 보내온 자료를 정리하여 상하 2권, 1,167면의 한국천주교회사를 간행하였다.

겸 마티아와 복자 윤지충 바오로가 보통 관계가 아니었다는 사실을 떠올렸습니다. 그래서 1801년 박해 때 천주교 신자들의 처리 과정을 기록한 관변 자료인 『사학징의』에서 사형판결문을 찾아보았습니다. 거기에는 다음과 같은 내용이 있었습니다.

> 최여겸 사형 선고문: 처음에는 윤지충을 따라서 사학에 홀렸고 …

이 내용을 접하는 순간, 최여겸을 천주교로 이끌었고, 교리를 이해하고 받아들여 믿음생활을 할 수 있도록 도와준 분이 윤지충임을 알 수 있었습니다. 이에 필자는 고창 본당 주임 신부님께 연락해서 두 분의 관계를 말씀드린 후 개갑장터 순교성지에 단 하루라도 세 분의 순교자 유해를 모실 수 있기를 청했습니다. 그러자 본당 주임 신부님은 좋은 의미가 될 것이라 말씀하시면서 기꺼이 허락해주었습니다.

그 후 개갑장터 순교성지에서는 이틀 동안 세 분의 유해를 모시고 순회기도를 할 수 있었고, 필자는 개갑장터 순교성지 봉사자와 은인들에게 '스승 윤지충, 제자 최여겸을 만나다'라는 주제로 유해 순회기도 초대문자까지 보냈습니다.

초남이 성지에 모신 세 복자

이윽고 세 분의 유해가 개갑장터 순교성지에 와서 순회기도를 하던 날, 전주뿐 아니라 광주와 서울을 비롯한 수도원 지역에서 교우 분들이 외양간 성당을 찾아오셨습니다. 그렇게 유해 순회기도를 마친 후에 순례자 미사를 봉헌할 때 필자는 강론을 통해 최여겸 마티아가 1801년 박해로 순교할 때까지 수많은 지역을 다니면서 천주교 신앙을 전파할 수 있었던 것은 1791년에 순교한 스승 윤지충이 보여준 삶의 신앙이 밑바탕이 되었음을 강조했습니다. 또한 필자는 좋은 스승이 보여준 신앙의 모범을 본받고자 노력했던 좋은 제자의 모습이 오늘날 한국 천주교회를 이끌어주는 원동력이 되었다는 사실을 교우들과 함께 나누었습니다.

그렇게 순회기도가 끝나고 참석한 교우들이 삶의 자리로 떠나면서 저에게 이런 말씀을 해주었습니다.

유해 앞에서 좋은 묵상을 했습니다. 좋은 스승과 좋은 제자가 순교 이후 이렇게 만나는 모습을 영적으로 상상하니 정말 감동이었습니다. 내일이라도 교리 선생님이나 대부님, 혹은 저를 천주교 입문을 권유했던 분들에게도 감사 인사를 드리고 싶습니다.

간혹 가톨릭의 고유한 신심 전통인 성인 유해 기도를 비아냥거리는 종교학자들과 부정적으로 폄하하는 개신교 관계자들의 글을 본 적이 있습니다. 심지어

가톨릭 성직자조차 유해 기도를 바람직하지 못한 것으로 생각하며 쓴 글을 읽은 적이 있습니다. 특히 예전에 순교자 유해 순회기도를 할 때면 화려하게 치장한 가마에 유해를 올려 모시고 신자들이 어깨에 메고 행렬을 하며, 앞뒤로 나팔을 불거나, 유해가 도착할 때 성당 마당에서 사물놀이를 했다는 등 부정적인 시각으로 언급한 기사도 본 적이 있습니다.

그러나 이번처럼 세 분의 순교자 유해 앞에서 순회기도를 하는 동안 필자와 교우들이 나눈 영적 교감의 시간은 기쁨 그 자체였습니다. 이번에 실시한 순회기도는 과도하지 않았고, 오히려 과거 사건의 현재화에 큰 의미를 던져준 것 같았습니다. 그리고 유해 순회기도가 순교자의 삶과 신앙을 묵상하는 데 초점을 맞추었기에 순회기도에 참석한 교우들도 자연스럽게 순교자 유해 앞에서 영적인 힘과 용기를 얻었음을 확인할 수 있었습니다.

외적으로 이번 유해 순회기도 과정을 살펴보면, '사목적 배려'를 엿볼 수 있었습니다. 아무리 교통이 발달한 요즘 세상이라지만 아직까지 이동이 불편하거나 여러 이유로 초남이 성지를 찾지 못한 분들과 어르신들이 주변에 많이 계십니다. 그런데 이번처럼 각 본당 차원에서 많은 교우가 참석하는 순교자 유해 순회기도는 궁극적으로 본당 내에서 소외되고 힘든 교우들도 참석할 수 있도록 하는 데 긍정적 역할을 하였습니다.

더불어 전주교구 신자가 아닌 경우, 전주교구 내 본당 행사 참석을 주저하거나 시간상의 제약 등의 이유로 참석이 어려웠을 수도 있지만 성지에서 거행한 유해 순회기도를 통해 순교자를 만날 수 있는 좋은 기회가 되었습니다. 유해 순회기도 자료집 내용 또한 '순교자는 무조건 훌륭한 분이기에 순교자의 용덕을 철저하게 본받으라'는 식의 일방적인 내용과는 달리 순교자의 삶과 신앙을 차분히 묵상하고 자신의 삶을 충분히 성찰할 수 있도록 이끌어주었기에 순회기도의 가치를 높일 수 있었습니다.

글을 마치면서 이런 말씀을 드리고 싶습니다. 성해 공경 방식이나 기도 내용 등은 교우들 나름의 몫이겠지만, 가장 중요한 것은 결국 침묵 중에 성해가 들려주는 말씀에 귀를 기울이려는 노력입니다. 침묵 속에 성해 앞에서 순교자가 우리에게 들려주는 '하느님 사랑과 이웃 사랑'에 대한 간절한 외침에 귀를 기울인다면 성해 공경 신심은 순교자의 삶과 신앙을 구체적·인격적으로 만나는 순간이 됩니다. 이러한 만남은 결국 순교자의 신앙과 발을 맞추는 것이며, 결국 그리스도와 일치하는 삶이며, 순교자의 원형이신 그리스도를 닮은 삶이 되는 것입니다.

　잘 준비된 성해 공경을 통해 신자들이 순교자의 삶과 신앙을 건강하게 체득할 수 있다면 한국 교회 순교자 신심의 가치를 드높이는 계기가 될 것입니다. 이는 곧 순교 영성 확립에 큰 도움을 줄 것입니다. 올바른 성해 공경은 행복한 영성생활을 유지해나가는 데 큰 힘을 줄 것입니다.

지은이
―――

강석진 요셉 신부

한국순교복자성직수도회 수도 사제. '개갑장터 순교성지' 담당 사제.
1998년 사제품을 받고 서강대 대학원에서 상담심리 전공으로 석사학위를 받았으며, 가톨릭대에서 역사신학을 전공하여 박사학위를 받았다. 프랑스 파리에서 연수하였으며, 순교영성연구소와 창설자영성연구소 소장과 한국교회사 아카데미 교장을 역임하였다. 필리핀 아테네오 대학 교환교수를 지냈으며 전문 학술 논문을 다수 발표하였다. 『생활성서』, 『경향잡지』, 『사목』 같은 잡지는 물론 여러 기관과 단체에 교회 역사와 관련된 글을 활발하게 기고하였다. 지은 책으로 『순교, 생명을 대변하는 증거』(형제애, 2018), 『인생 수업 가족 편』(생활성서, 2023), 『인생 수업 관계 편』(생활성서, 2023) 등이 있다.